U0080507

你所
介意的事
有九成
可以化解

臨濟禪居士　佛光

三悅文化

序

大家好，我叫「佛光」，現年55歲，臨濟宗人間禪居士，已有十多年禪修經驗。

許多人往往很在意別人對自己的看法，例如：「我最近好像老是衰運連連」、「我怎麼會說出那種話」、「別人可能討厭我……」，令自己整天陷入惴惴不安的情緒，也就是一般所說的「神經質」或「心有罣礙」。本書則是根據禪學的真諦，歸納出許多方法，讓這些非常在乎別人看法的人，懂得如何轉換心情讓自己的內心獲得平靜。

佛陀說人生有四苦、八苦，俗稱人生有一百零八種煩惱，不過，如果再進一步分析的話，大約可以延伸到六萬四千種甚或到無限多，因此，我們絕對要避免讓自己的人生被苦所困。

我在書上提出的45道問題，可以說涵蓋非常廣泛，有的是現代人特有的，有的則是從人類誕生以來就有的問題。

或許也可以將之稱為「45個苦惱的主題」吧！

不過，我想表達的只有一個重點，不論我們遭遇何種煩惱主題，我的答案就只有一個。

我的答案就是「去禪修」。我真的很想用這句話做為這45道問題的答案，但是可能讓讀者認為這種方式太粗糙了，對於心靈忙碌、沒經過大腦去理解就絕不採取行動的現代人而言，此種說法太欠缺說服力，而且光是這個說詞也無法做成一本書。

在本書當中，我嘗試用各種方法想跟讀者解釋清楚，總括的說，在我們的行住坐臥之間，最重要的並不在於理解，而是在於身體力行；不在於知識而是在於智慧，不在於腦袋而在於心靈，不在於結局而在於過程。總之，這本書要告訴讀者的基本戰略並非頭痛醫頭、腳痛醫腳的「對症療法」，而是讓讀者了解真理的「根治療法」。

不過，我自己也還在修行當中，當然沒有立場在此大放厥詞。

如果談的是「開悟」，就不是一朝一夕可成就的；不過，如果說的是「開悟的方式或心態的抱持方式」，每個人就可以馬上運用在生活當中；甚至在你灰心喪志時，或許可以從本書當中找到一句話，使你立刻從憂鬱的心境中得到解脫。這就是「禪的情緒控制術」。

如果你對自己的神經質或心有罣礙感到困擾的話，希望這本書能夠讓你找到一點點靈感，這將是我最大的快樂。

目錄

不要擔心害怕！不要猶豫不決！

現在開始來練習「不要罣礙」

罣礙 1

迎合別人而偽裝自己，經常搞得心力交瘁……

精疲力竭的時刻
正是切斷關係的時刻
不要把「關心」和「犧牲自己」
混為一談

老是迎合別人過生活，絕對無法真正擁有屬於自己的人生，而且將會沒完沒了，根本無法擁有自己的人生，甚至令自己的人生變得一團混亂。

這麼做的話，最後會出現兩種結果，其一是很可能在無意之間露出自己的本性，其二就是完全失去自己。

而且一旦習慣在某人面前扮演某種角色之後，就必須持續扮演下去。這是一件非常艱難的任務，其中又以婚姻生活最為常見。

很多人習慣在婚前扮演「可愛」或「帥氣」的角色，然而婚姻生活是一部長篇連續劇，實在無法一直演下去，稍不注意就可能露出自己的本性，一旦如此，對方就會認為「這不是以前的她（他）」，最後可能以「彼此個性不同」而離婚收場。

我很不喜歡「個性不同」這個詞彙，因為每個人的個性本來就不會完全相同。

所以，人與人之間才需要互相關心，也就是盡量設法避免引起別人的不快，但是也不能因此而把「關心」和「犧牲自己」混為一談，千萬別為了迎合別人而偽裝自己。偽裝自己或是創造另一個自己，總有一天會因為精疲力竭而露出本性，結果反而破壞彼此關係。

俗話說：「精疲力竭的時刻正是切斷關係的時刻」，這句話真的有道理嗎？我認為人與人之間的關係應該是相反的，也就是當彼此感覺精疲力竭時，彼此關懷的程度更應該加深。

有一次，一位女性來找我諮商，她說：

「朋友和同事一向認為我活潑好動精力旺盛，其實並非如此。然而我又必須迎合別人扮演這種角色，這讓我感到心力交瘁。」

她擔心的是，一旦顯露出真正的自己，將會受到別人排斥。

聽完她的話，我完全不顧羞恥的說出一段自己的過去。

「以前的我簡直是笨到無藥可救，我大概在三十幾歲就當上外商公司的社長，業績也蒸蒸日上，在部屬面前總是一派威嚴。有些部屬的年紀甚至比我大，因此我認為一定要採取高壓手段，否則就會受到輕視。於是我一直偽裝自己，一直扮演一個具有威嚴的社長，也因此讓自己經常感到力不從心。大概是一種反射作用吧！當時我大概每星期就會到銀座花天酒地兩三次。不過，後來我慢慢發覺到，圍繞在我身邊都是一些唯唯諾諾的應聲蟲，沒有一個是真正推心置腹的好朋友。現在回想起來，這實在是一件天大的恥辱。

後來事業失敗之後，身邊的人很快就一個一個消失不見，看到我避之唯恐不及。」

這件事還有一個大爆點。

那就是當時我經常跟別人誇稱：

「我必須經常去銀座，不然銀座會倒！」結果銀座並沒有倒，倒下的反而是我自己……

言歸正傳，接著我就教她如何把非真實的自己一步一步的加以破壞。

「妳不妨試著在朋友或同事面前，說出自己真正的想法，接下來，他們應該就會跟妳說『原來妳的想法是這樣子啊！其實我也是……』，如此一來，你們之間的關係將會更好，這才是真正的人際關係。」

「活出真正的自己」，這就是「禪意」。

第一次破壞虛假的自我，通常令自己感到害怕，一旦嘗試做了之後，反而令自己如釋重負。再者，破壞掉偽裝的自己，其實是一件爽快的事情，這樣反而可以得到真正的關懷。

罣礙 ②

經常為自己說過的話懊悔不已

製作「心靈打烊時間」，重新區隔自己的想法

「懊悔不已」是常有的事情，我也很了解這種心情。但是，請你仔細想一想，你活在此時此刻，但是，你的內心卻是一直回顧過去的時刻，你不覺得這種方式有一點奇怪嗎？「過去」是一個虛擬的時間，而且是一個已經完全結束的時間，永遠都不會重來。

我要說的重點是，我們不應該活在過去的記憶裡頭。我們在不堪回首的過去挫折中應該有所體悟，而不該把心思浪費在挫折失敗這件事情上。

過去就過去了，多想無益也無法改變。我們經常會在內心懊悔萬分，其實這只是一種心理習性，這種習性一旦佔據整個內心，就會每天、每分、每秒都在後悔過去的一切，一整天費盡心思在後悔過去，而成了一種心理上的生活習慣病。隨著年齡的增長，你的內心已經完全被後悔所佔據。

世上沒有人不曾受過挫折，受挫是理所當然的，但是卻有人不會從挫折當中得到領悟；很多人不懂得從挫折中學習，而是只會沉淪在挫折的悔恨當中。其實更積極的態度是要從失敗挫折當中去學習，因為「失敗挫折」是學習的一個環節，也是人生的必修科目。

一旦了解這個真諦，後悔的念頭馬上就會消失無蹤，而且也會打從內心理解到一個真理：「人生沒有一件事情是多餘的」。

我們正在說話的這個瞬間、正在吃飯的這個瞬間……每一個瞬間就是「現在的自己」，過去所遭逢的各種大大小小難得一見的失敗挫折所累積下來的，就是「此時此刻的自己」。

這就是禪學所說的人生，把握每一瞬間活下去，當每一瞬間轉為下一瞬間時，我們的內心都是閃亮且躍動的。這就表示自己在當下的瞬間過得非常充實而且內心充滿著躍動感。

現在請你想一想，和一直活在過去記憶中（悔恨）的人相比之下，哪一種人生才是真正活在當下呢？

你應該知道，當然是把握每一瞬間的人生才是對的。因此，以下我就要介紹一個自我訓練的課程，幫助你學會成為「不會後悔的人」。

現在，請你在腦海裡想像一艘大船。

這艘船劃分成好幾個區塊，每個區塊之間都設有堅固的鐵閘門，當船隻不幸發生意外而浸水時，這一道道鐵閘門就會把浸水區塊加以隔離，以免船隻沉沒。

這艘船其實就宛如我們的人生。一旦每天都為過去的事物感到懊悔，污水就會一點一滴累積在心中，造成「今天的我」慢慢的沉淪。所以，我們就需要利用鐵閘門把這種心情加以隔離開來。

每天早上一睜開眼睛，請你試著在腦海中想像一艘船，然後在自己的腦袋關上鐵閘門，把昨天的自己完全隔絕在鐵閘門之外，注意力全部集中在「今天的我」，如此一來，就可以集中心力讓「今天的我」活得精采。對於挫折失敗的反省與後悔，就將它留在昨天以前。

總之，就是要製造一個「心靈打烊時間」，把每一天區隔開來。

千萬別長期打烊

小開悟「昨天的自己」已經打烊，注意力完全集中在「今天」

罣礙 3

經常覺得有人在我背後說壞話……

佛陀也曾經遭人毀謗，在這個世上，沒有不被毀謗的人

佛陀說：「沉默的人受到毀謗，話太多的人受到毀謗，世界上沒有不被毀謗的人。」只要深入探討，就越能了解到，品德崇高的佛陀也曾經受人毀謗。即使像佛陀這樣的聖者，仍會遭受汙衊毀謗，更何況像你我這樣的凡人，受到毀謗是理所當然且難以避免的。

話雖如此，受人議論讓人感覺不舒服也是天經地義的。當我還是生意人的時候，只要有人在背後說我的壞話，一定讓我感覺很受傷，甚至很想反擊回去。

尤其我是一個「穿新衣的國王」，表面上裝成「強悍的社長」，卻又時時擔心有人私底下批判我。

日本人更是一個極其在意他人評論的民族，講究封建制度、部落社會、家風、規矩……等等，有很長一段時間，日本人重視「家族」更勝於「個人」，因此講究的是「謹言慎行絕不落人口實」的生活態度。

找我諮商的人當中，許多人很怕受到別人的指點與議論，別人稍有評論就感覺受傷且陷入憂鬱。

然而，抱有這種心態的人，就如同把自己的人生受控在別人的評論上。人身難得，卻要聽憑他人的指點與論斷，這樣似乎不太妥當。

人活在世上，難免會受到種種批評，例如：「那小子太輕浮了」、「他很無趣」、「他不夠努力」、「他缺乏霸氣」、「他好像有點陰沉」、「他做事很不乾脆」。諸如此類傷人的話實在多不勝數，多到令人害怕。

面對種種中傷時，重要的是不需要逐一去檢討這些中傷的內容，如果要針對各種中傷的言論來改變自己或自我修正，那可能會沒完沒了，把難得的人生浪費在別人無謂的評論當中。

其實我們應該把別人的中傷或批判之事完全丟得一乾二淨，不過，並不是丟掉別人批判的內容，而是丟掉這些中傷或批判的事實。

你可能認為這種做法太「自以為是」了，沒錯，這樣下去的話確實會這樣。自己有錯一定要確實認錯，也只有自己才知道自己是對是錯。但是，唯有學會佛陀的正確教義，自我內省，才能夠達到深刻的反省。

我的經驗是，只要持續禪修，即可分辨清楚別人的評斷是否正確且對自己是否有助益，或只是單純的中傷而已。

我有一個部落格，偶爾會出現一篇近乎對我毀謗中傷的文章，但是，我不會因為這件事而受到傷害，因為這類文章的目的幾乎都是純粹在中傷我。不過，有時候也會出現一些確實指摘出我沒有察覺到的不同的觀點。

遇到此種情況的話，我會很虛心且毫不猶豫接受對方的意見，主要是因為我隨時活在我的人生，我才是主角。

因此，我絕對不會完全不理會別人的中傷，只要覺得這類中傷有其意義，我也可以坦然接受。

最後我要一再重申，如果不敢當面跟別人說的事情，就絕對不會從我口中說出去；如果我認為應該說出來比較好的話，我一定會跟對方當面說出來。千萬不可因為無法當面說出口，就在背地裡說三道四，這種做法非常不好。背著別人說三道四對彼此都沒什麼好處，請各位務必三思。

罣礙 ④

我很怕跟合不來的人一起相處…

自己率先以身作則，就不用在乎別人

假設你的公司或學校有一百人，你有點不習慣這種環境，經常為人際關係感到困擾，處理這種狀況只有兩種方法。

其一，就是把你之外的其他99％的人都變成品德崇高者；另一個方法就是讓你自己成為品德崇高者。究竟該採取哪一種方法，我想你應該心知肚明。

許多人經常在下意識間自認自己的想法最正確，一旦遭遇任何阻礙，通常把原因歸諸別人。

如果圍繞在身邊的都是自己喜歡的人，那該有多好啊！孩提時代這種情況比較可能出現，一旦踏出社會工作，你所接觸的就不可能百分之百都是自己喜歡的人。話說回來，就算是小朋友之間，還是有可能互相不喜歡，絕不是每個小朋友都能愉快相處。

總之，打從娘胎出來，好像就註定要跟波長不合的人相處在一起，這也就是佛陀所說的人生八苦之一「怨憎會苦」，而且早在兩千五百年以前，人們就經常為此事受苦。

人與人相處，一定有「喜好與嫌惡」、「合與不合」等感情作用。職場上的人際關係根本就是如此，很多人就最愛在茶水間道人長短，由此可以了解到俗話說的「世上到處有壞人」確實有它的道理。

若要解決職場上的人際關係，一般可分成四種標準。

第一個就是「憤而辭職」。

第二個就是心存不甘，但是仍然拖拖拉拉的苟延殘喘，不下定論也不加以改變。這也是實際上最常見的狀況。

第三個就是「不要在意」。

這是非常高等的做法，而且必須像一開始所說的讓自己成為品德崇高者，才能夠達到這種境界。所以，心胸寬大、寬以待人是必備條件。

第四個是最高境界的解決方法，也就是「不掛念」。

我們經常聽到有人說：「這麼做的話，就不會這麼辛苦了！」然而，其實人生當中，大約九成九必須活在辛苦的人際關係的羈絆當中，而且是終其一生永無休止。果真如此的話，倒不如把「心無掛念」設定為人生的最高境地，或許才是最好的人生，不知道各位是否也認同這種說法呢？

由此可知，與其要求別人成為品德崇高者，倒不如快點讓自己成為品德崇高者。

以下就要介紹一個很好的方法。

首先，每天早上一睜開眼睛，我會立刻對自己說：

「今天不管遇到誰，我都要加以珍惜！」

不論是冤家、家人、同事或電車上遇到的大叔，我都會無分別心的待之以禮。對方的反應可能不盡相同，不過我也不會在意，完全不去想「喜歡這個人」或「不喜歡這個人」。

這個方法非常有效，而且會讓自己每天都擁有愉悅的心情，一旦持之以恆，不僅不會在意對方的反應，甚至會自然而然受到對方的禮遇，真的是很不可思議，所以請你務必試試看。

切忌過度禮遇他人

小開悟　今天不管遇到誰，都要加以珍惜！

罣礙 ⑤

我對於金錢、老後等等未來的一切感到不安

未來的不安感就如同海市蜃樓，只要「身體力行」，不安感自然就消失無形

「儘管我很努力打拼，但是可能一場地震就讓我失去一切……」

「我一輩子都不結婚的話，年紀大了該怎麼辦呢……」

「一想到自己的未來，就讓我膽顫心驚……」

諸如此類的擔心實在多不勝數。人類是唯一會「想像未來」而讓自己陷入驚恐狀態的動物。貓或狗根本不會去想這些事，也不會去想地震來了該怎麼辦？在地震來襲之前，動物都是活在當下自認為最合適的每一瞬間。

接下來我要告訴你一個有關紅猩猩的研究報告，這隻紅猩猩雙腳殘廢不良於行，只能整天躺著。

研究人員特別細心觀察這隻紅猩猩，發現到牠絲毫沒有驚慌失措的狀況。這是因為這隻猩猩根本不知道牠自己將會這樣子過一輩子，所以，紅猩猩一點也不會擔心「再這樣躺下去，我可能會長褥瘡」，也就是說，紅猩猩並不會累積諸如此類的不安情緒。

總之，動物根本不會預約煩惱。

所以就不會杞人憂天或自尋煩惱。

人們一旦開始擔心某事，就會陷入無止盡的不安情緒，而且有如堆雪人一般，不安的情緒將會不斷繁殖。

這是因為一旦想到不安的事情，腦袋就會把想像的情景判斷成即將發生的事情。

總之，這種現象稱為「虛擬的現實」。也就是說，倘若你對金錢、老後等未來的事物產生不安感的時候，不妨把此種不安感視為一種「海市蜃樓」，其實這種不安感也確實就像海市蜃樓。

除了超能力者之外，任何一個人都絕對無法預知未來，只會對未來感到恐懼，也因為如此，我們就更要把未來視為「海市蜃樓」。

「請你絕對不要再對過去的事情感到懊悔，過去已是過去的海市蜃樓，也不要對未來預約煩惱，因為對每個人而言，未來是不可知的海市蜃樓。」

換言之，唯有「當下」才是最真實的。

唯一可以確定的就是「當下」，所以，在這個當下的瞬間，我們只需考量到自己擁有的體力與智慧來生存下去。

自尋煩惱者的最大特徵，就在於缺乏「行動力」。

這類型的人幾乎不朝任何建設性的方向採取行動力，只會憑想像悠遊未來，更因為人腦最擅長的是把不安不斷繁殖，因此就更容易朝不安的方向移動過去。

例如：當你對朋友關係感覺不安時。

如果你覺得自己某些事可能觸怒朋友，並且擔心朋友可能會做不當連想，而且自己也不知道該如何是好時，其實這時候只要拿起電話打給朋友，問題就迎刃而解了。

當你和朋友講電話期間，你就忘記了對未來的不安感。

你的腦袋裡想的，應該都是如何解決與朋友之間的問題，這就是前面所說的「行動力」。

總之，只有人類才會把「未來時間」帶到現在，而「未來時間」也正是造成不安情緒得以繁殖的重要因素。我們也必須承認，人類的此項能力確實造就了許多非凡成就，這些成就都是因為模擬未來的發展，預先設想對策做好準備來因應。

所以，如果真要思考未來的話，與其自尋煩惱或杞人憂天，不如想像一些令人快樂的事情，並且模擬各種可能達成的方法，這種生活方式才是有意義的。

罣礙 6

在競爭激烈的社會，工作滿檔，身心難以負荷……

有人生才有工作，
絕不是有工作才有人生。
能夠「維持基本生活」就夠了！

江戶時代有一位偉大的良寬禪師，他有一段發人深省的逸事。
良寬禪師住在非常簡單的草庵，有一天，小偷潛入禪師的草庵想偷東西。
小偷環顧整個屋內，無一物可偷。此時良寬禪師已經察覺小偷潛入屋內，他故意翻個身，讓被子掉下去，好讓小偷取走。
小偷拿到被子正要離去時，良寬禪師故意打了一個大噴嚏。小偷聽到禪師的噴嚏聲，就此頓悟自己做錯事，於是把被子還給心胸寬大的禪師，並成為禪師的徒弟，一輩子跟隨在禪師身邊。
藉由一個噴嚏而解救了這個小偷的人生，良寬禪師確實有其令人敬佩之處；但是，因為一個噴嚏而察覺自己愚蠢之處，這位小偷也有其令人敬佩之處。
然而，過去我的所做所為則完全和心胸寬大的良寬禪師完全相反。
「我是外資企業的社長，我是一位成功者」，這是我一直深信不疑的理念，因此，我常自以為是的認為：「公司付我薪水是理所當然的」、「我站在別人之上是理所當然的」、「我要更上一層樓是理所當然的」，換言之，這就是貪念。
我的人生價值觀就是頭角崢嶸出人頭地，從來不曾想過這是自己的貪念越來越大所造成；反而認為自己當時的財力全是自己努力所得來的，也藉此證明自己的能力，甚至以此自誇不已。當時我一直認為比別人優秀、比別人擁有更多才是人生真正價值。

但是，這種出人頭地的貪念與物欲，卻讓我疲累不堪。

當時的我簡直是一個大傻瓜，各位可以盡情嘲笑當時的我。

我的例子倒也沒什麼值得一提之處，因為這原本就是一個競爭激烈的社會，為了讓自己更出類拔萃，難免就會產生更多貪念，結果可能在某時某地踢到一個大鐵板，令自己身心俱疲近乎崩潰，有時甚至是糟蹋了自己的人生。所以，請大家務必謹記一件事：有人生才有工作，絕非有工作才有人生。

更重要的是要抱持「把工作做好」的心態，而且要完全集中意志在此，自然就不會踢到鐵板，也不會遭遇挫折，不會身心俱疲，凡事順暢無阻。此時最重要的是要懂得「和別人分享」，如此你所獲得的財富就不是因為貪念而來的。

現在，請你在腦海中想像一幅農家缺水，而且你正在設法從河川引水到農人田地的景象。利用這種幻想方式讓自己在工作上更精進。

這種精進的精神將會惠及普羅大眾，只要在工作上持續抱持這種工作態度的話，聲譽與財富自然而然就會主動上門。

就算是你不想要也還是會找上門。不由分說地跟定你。

商人做生意時，所要考慮的不應該是「為了賺錢才賣東西」，正確的態度是「有了這個東西之後，大家就可以維持生活，我也因為這樣而得到利潤。」

只要賺到足夠維持基本生活所需的錢財或物質，就心滿意足的話，我們就不會因為追逐錢財物質而窮追不捨。

我最近買房開銷大，這些得賣你三萬圓才划算。
哇～好棒的誤解啊！
謙虛
啊！？
小開悟
只拿足以維持基本生活的錢財

罣礙 ⑦

最近衰運連連，
不論做任何事都
不太順利

從宇宙的觀點而言，根本沒有「好日」或「壞日」之分

一大早起床打開電視，常會看到專家正在分析「今天的運勢」，對我而言，這件事實在很奇怪。自從宇宙誕生以來，據傳至少已有一百三十七億年的歲月，地球誕生也有四十六億年。

歲月就是如此綿延不斷而來，一天一天接連不斷而連結成一個超乎人們想像的漫長時間。

如果有人說：「巨蟹座今天一整天都會心情愉快，幸運顏色是米色」，你不覺得這簡直是在藐視整個宇宙嗎？

根本不該針對人類的情況來決定「好日」或「壞日」，從宇宙的觀點而言，不管人類社會發生任何事情，可以說「日日是好日」，亦即每一天都是好日子。

除了電視上的星座專家的分析之外，平常我們也常聽到占卜、算命、好運、壞運等等的話題，其實道理都一樣。

這些完全是人們逕自創造出來的「幻術」。

這些幻術全都是那些不知天高地厚的傢伙所想出來的近乎詐騙的技倆而已。

日本的一休禪師看到人們過年時總是互相道賀，心有所感而吟了一首詩。

「過年乃冥土之旅的一里塚，可賀，可悲！」

每當新的一年到來，就代表我們朝死亡更近一步，人們根本不了解過年有什麼可恭喜，也不了解有什麼可悲！由這首詩可以體會到一休禪師的幽默，而且他也真實的道出真理。

春夏秋冬的季節更迭其實並不是恆常不變的，尤其在一休禪師的年代，人們根本不知道地球曾經遭遇過冰河時期，但是他早已憑著自己的直覺了解季節遞嬗完全是依照宇宙真理而來，這也正是一休禪師令人敬佩之處。

假設季節並非絕對的話，那麼，過年也不是絕對的，究竟是誰決定過年必須跟別人恭喜呢？過年不就代表又掀掉一張日曆並且更接近死亡嗎？

總之，打從我們呱呱墜地的瞬間，就表示已經朝死亡之日做最後倒數，此乃宇宙的真理，但是我們往往卻忽略此事。

「明天我可能就死了！」

只要時時抱持此種想法，你就會珍惜每一天，絕對不會再為無謂的煩惱而困擾。

但是，明天你可能就會死了，現在的你卻可能為了借別人三千元而耿耿於懷。

如果你在臨死之前最後的一個念頭是「那個人還欠我三千元」，這簡直是可笑到極點。

如果你非常在意占卜算命、好運壞運，其實也一樣是愚蠢至極。

明明今天可能就死掉，卻毫不考慮生命的本質，也不好好想想如何充實每一天，反而白白浪費自己的人生。話說回來，巨蟹座今天的運勢好壞又與你何干呢？

所以，請你每天早上和每天晚上都要跟自己說：

「我的生命開始倒數了！」

這麼做的話，就能夠把握每一天，擁有無悔的每一天。總之，在這個地球上，我們是唯一可以將無悔的每一天累積起來的生物。

罣礙 8

不知道公司
同事或別人
是否認同我

承認「自己是人生的主角」
就不會在意別人的評斷

「你為了什麼而活？」

「我是為了別人對我的評論而活，因此，別人稱讚我時，我會高興，別人批評我時，我就很沮喪。」

我認為世界上很多人抱有這種想法。實際上有很多人雖然嘴巴上不講，心理上卻抱持這種想法在過每一天。

每個人都希望得到別人認同，希望得到別人稱讚。換句話說，「希望獲得認同」的欲望極為強烈。人類原本就屬於社會性的動物，這種欲望在某種層面上是理所當然的。

然而，佛陀一出生就曾經說過「天上天下唯我獨尊」，意思是：

「佛並不在天上，其實每一個人都是佛。」

禪的生活方式也是如此。不論在何時、何地或何種狀況下，都應該讓自己成為自己的主人翁，每個人都應該修行到這種程度。

全神專注的禪坐到完全忘我的境地之後，那些想要獲得別人稱讚與掌聲的妄念將會煙消雲散，並且徹底了解到現在的自己才是主角，不會在意他人的眼光。

然而，我以前完全不是這個樣子。我開公司當社長的時候，業績蒸蒸日上，名聲響亮，不僅賺了很多錢，桃花運超好，自己完全沉醉在勝利的美酒當中。但是，當時的我就此感到滿足嗎？答案當然是否定的。而且我還不允許別人批判我所做的任何一件事。

「你們根本不知道我了不起的地方，你們應該更加稱讚我才對！你們不知道我的厲害，那都是你們的錯！」

這是當時我內心的吶喊。不過，在傲慢態度的另一面，其實我擔心的是一旦喪失響亮的名聲，我該如何是好？

在勝利美酒的另一面，我卻深陷在想要獲得別人認同的漩渦中，希望受到更多人的讚賞，不希望失去響亮的名聲。所以，當時我根本就是一個可憐的社長。

現在的我因為禪修的關係，再也不會在意別人的評論，而且有更多人願意靠近我。當我越來越成為自己人生的主角之後，別人也越幸福，我自己也能感受到幸福。因此，我就越來越輕鬆自在，也越來越感激一切。

現代人打從出娘胎開始，就在比較的環境中長大，受到父母、親戚、老師、同學、同事、上司、異性的比較，因此，每個人幾乎已經習慣一言一行受到他人批判。

而且很可能「一回頭已百年身」，距離人生終點是如此接近……

這種人生實在是太無趣了！

其實絕大部分的人都希望自己是人生中的主角，總之，只要稍微改變心境，在乎別人看法的這種小小我執將會就此煙消雲散。

但是，絕不能造成別人困擾！
今天起我是主角。幾點上班？不妨丟銅板來決定吧！

小開悟　自己成為自己的主角，就不會在乎別人的看法

罣礙 9

別人究竟怎麼看我？這件事讓我憂心忡忡！

「自己的欲望」才是造成不安最根本因素

「別人究竟怎麼看我？」

許多人非常在意此事，為此心生煩惱，甚至因為和情人、朋友、同事道別時，對方沒有露出笑容或一些小動作，就會心生煩惱到生病的程度。

人類其實就是看別人臉色而活的生物，此點絕對毋庸置疑。甚至連小娃娃看到人臉的照片，也比看到番茄或石頭的照片更有反應。換句話說，在我們的DNA當中，早就包含有讀取別人表情的本能了。

假設你很重視某個人，卻發現對方並沒有回饋給你相對應的表情時，通常你會心生不滿。

「他應該也喜歡我才對，如果是這樣的話，道別時他應該要對我微笑才對呀！」

不過，這裡面其實包含了一種情感的依賴，因為你認為你們彼此之間有「情感」，所以才會產生此種依賴。否則，送牛奶的工讀生或超市結帳人員沒有對你微笑，你一點也不會感到受傷啊！你一定不會認為對方應該對你依依不捨啊！當兩人的關係是情人或朋友的話，情況就不一樣了。

其實這就是「執著」，這不是情感，而是執著，說得更白一點，就是一種「佔有欲」，更嚴格說的話，你只是把佔有欲誤以為是情感。

真正的「情感」或「愛情」，一定是關心對方，至於對方對你的看法，根本是毫無關係的，也不必去在意的。不管自己怎麼樣，只要全心全意讓對方幸福，這才是真正的愛情。

假如你真的很愛對方，兩人道別時一旦發現對方的表情稍微有異於平常，你絕對不會跟對方說：「你到底怎麼啦？這樣會讓我不開心！來，笑一個！」而是會跟對方說：「你有心事嗎？說出來應該會好一點。」

造成「不安」的最根本因素，其實就是「自己的欲望」。

不論男人的佔有欲或女人的佔有欲，都是將彼此的執著誤以為就是愛情，才會造成情感上的落差。

很多人認為「嫉妒是一種愛情的表現方式」，其實嫉妒並非真正的愛情。只要稍微想到可能失去對方就心生恐懼不安的話，你最好就要了解到，你對這段感情的處理方式可能有某些錯誤。

接下來，我要告訴各位一段曾經跟我一起禪修的師兄的故事。

這位師兄有正常工作，也有太太。他經常參加各種禪修活動，後來就慢慢發願希望能夠為陷入煩惱中的眾生盡一點心力。

幸運的是，他的經濟能力還算富裕，因此他開始籌備各種計劃，首先他想提供道場讓全國的同修一起禪修；他還準備巡迴日本各地免費演講。

正當一切都在緊鑼密鼓籌劃之中，他太太一直很冷靜看著先生的一切。

有一天，他們像往常一樣吃午餐，聊著聊著，不知不覺就聊到這個話題。

這時候，太太看著他說：

「如果你一心想要辦這些活動來幫助人們從困境解脫的話，我覺得我應該住到別的地方或是我們倆人分手，可能是比較好的。我愛你，所以我希望能夠讓你全心全意去做你想做的事。」

聽到太太這番話，這位先生突然恍然大悟，心想：「我老婆簡直就是得道高僧投胎轉世的！」

沒錯！這才是真正的愛情！

相比之下，你就應該知道，如果只會在分手時在意對方的表情，這簡直太小題大作了。

罣礙 ⑩

為什麼只有我一個人如此不幸！

臨死之前才幸福的話，也算是幸福人生了

很多人似乎都認為自己是不幸的，其實人生不論在哪個階段都可以重新修正，說得更極端一點的話，只要在臨死前一天讓自己幸福的話，其實就可以算是幸福的人生。其實一切都在自己的一念之間，同一個景色可以是地獄，也可以是極樂世界。

這是禪學的最高境地之一。不論身處何種境界，只要有幸福的念頭，就可由此瞬間成為幸福之人，由此可知，極樂世界是自己打造的。

當我三十幾歲當社長時，我的心裡是否已經找到天堂了呢？當時的我意氣風發，至今回想起來，那時候我的心境是：

「今年的業績一定要比去年好，明年更要創造出比今年更佳的業績，否則就會失去現在的地位，我一定要得到部屬對我的敬畏。」

當時我的內心一直存在這種恐懼，所以，那時候絕對不是我的天堂。我才會對部屬大聲咆哮，才會一心只在乎數字，讓自己時時陷入又悲又喜的境界。

接下來我要介紹一段江戶時期白隱禪師的一則逸事。

有一天，一位武士拜訪白隱禪師，他向寺廟的小沙彌說：

「我想求見白隱禪師，向禪師請教問題。」

小沙彌入內向白隱禪師請示，白隱禪師說：

「這位武士千里迢迢來到這裡，實在太辛苦了，請他進來！」

武士畢恭畢敬，彬彬有禮的對禪師說：

「我是一名武士，常常需要出生入死，因此，我想請教禪師，我死後，真的有天堂地獄嗎？」

聽到這個問題，禪師有點訝異，回答說：

「這個問題你早問了一百年，你請回吧！」

白隱禪師把武士趕出山門。但是，武士並未因此死心，幾個月後他又回到白隱禪師的寺廟。

然後在山門外面站了三天三夜，小沙彌看了非常不忍，代他向白隱禪師求情見他，最後白隱禪師答應見這位武士。

武士再度畢恭畢敬的請問禪師：「請問真有天堂地獄嗎？」

白隱禪師不禁叫道：

「你怎麼又問這個問題！你是笨蛋嗎？滾回去！滾回去！」

聽到禪師的怒罵，武士也氣壞了，他走了好幾個月又在山門外站了三天三夜，沒想到結果卻是如此。武士氣得拔劍正要刺向禪師時，只見白隱禪師大聲喝斥：

「地獄之門由此打開！」

聽到這句喝斥，平時就有修行的武士突然有所感觸的頓悟了，他收起劍，向禪師鞠了一躬：

「我了解了，謝謝禪師！」

白隱禪師露出微笑說：

「天堂之門由此敞開！」

總之，白隱禪師所闡釋的意思是，地獄與天堂並非死後才去的地方，其實它是存在我們每個人的心中。

現實生活也有地獄
禪師把糖水全部舔光了啦！
弟子
這才是真正的地獄啊！

小開悟　天堂與地獄都在我們心中

罣礙 11

任何事情都無法盡如己意……

煩惱不是用「解決」來消除，而是要「化解」或「放下」

什麼是「煩惱」？

如果有人問：「什麼是煩惱？」我們通常的回答是：「人事物無法盡如己意時，就會心生煩惱。」

但是，任何事情無法盡如己意其實是理所當然的，感覺不稱心如意就生煩惱心的話，那我們一輩子終將煩惱不斷。

因此，感覺煩惱時，不應該想要「解決煩惱」，因為煩惱根本不是用解決來消除的，我們應該要「不生煩惱」或「放下煩惱」。

佛陀說過：「一切痛苦根源皆來自我執。」

想要抑制我執與貪念，最有效的方式就是轉念；唯有轉念，就能減少我執與貪念，如此一來即可減少煩惱，說得更正確一點，就是可以不生煩惱。

人世間各種情況皆是如此。例如：老婆或情人不按照你的鋪排去做、部屬不聽從你的命令行事、樂透開的不是你買的號碼、感冒老是治不好。

事情不如己意時，一般人就會想方設法讓事情變得盡如己意，也因此才會起煩惱心。

談到「煩惱」，通常就會產生一種「被害者意識」，認為自己明明沒有做錯，為何會落得這種結果?其實根本沒有這回事，之所以有煩惱，都是因為「我執」。

沒有人可以像佛陀一樣抑制我執，換言之，沒有人可以一起煩惱心就立刻放下。

所以，次佳的良策就是相信「塞翁失馬焉知非福」、「因禍得福」，如此一來即可減輕煩惱。

打從內心徹底相信這種諺語的話，不論遇到任何無法盡如己意的事情，都可以坦然接受。

「真令人無法相信世上居然會有這種事，不過，塞翁失馬焉知非福。」

只要抱持此種想法就夠了。只要有這種想法，至少可以讓自己不再繼續煩惱，做到這種程度之後，就已經幾近於「消滅煩惱」了。

事實上，這是一種經驗法則。只要停止煩惱、稍微擱置一段時間之後，整個事態通常都會自然而然朝向好的方向進行，這也正是人生的不可思議之處。

為什麼會這樣呢?第一個理由是，一旦停止煩惱，就可以冷靜思考對策。

其次，可能會發現到這個煩惱其實也不是非常嚴重的問題，而且多數的煩惱都是這樣。

假設你和情人之間似乎相處起來不太理想。

原因可能就在於你希望情人是一個符合你理想中的人，這種心態就太偏頗了。如果你想改變對方，首先你就要改變自己。

例如兩個人吵架時，彼此一定都是怒氣沖沖。此時你一定要先養成改變自己的習慣，只要先跟對方說「對不起」，對方可能就有所改變了，因為對方一定也認為你並不符合他的期望。

總之，不論古今中外，情人或同伴之間的爭執是難免的，所以才會煩惱不斷。世上找不到一個完全和你一樣的人，兩人的個性也絕對不同，所以，同伴和你的想法不同是天經地義的，請你務必徹底了解這一點，不妨先試著改變自己或放下自己堅持的事物，煩惱就自然而然消失無蹤。

罣礙 12

內心充滿
不安與妄想

心無旁騖、完全投入，就達到「三昧」境界

在一個放假日，沒有人邀你出去走走，沒有人打電話給你，於是你開始感到心慌意亂，開始懷疑自己不受別人歡迎，可能在上次出遊時做了不該做的事，擔心以後再也沒有人會搭理你，更擔心自己可能孤獨到老。

其實這一切都是妄念。

假如只要焦慮不安就有人邀你出去玩的話，不妨就整天焦慮不安就夠了！也就是說，如果這麼做就有人邀你出去玩的話，那就讓自己從早到晚惶惶不安吧！但是，不管你再怎麼焦慮不安，不會來的根本就不會來。這麼一來，你究竟應該怎麼做才好呢？很簡單，只要動起來就好了，也就是身體力行想方設法去吸引別人來邀約你出去玩。

你不妨事先調查一下有沒有朋友喜歡看的電影或活動，然後發簡訊或打電話給朋友。

我們的腦袋瓜是一種很精密的構造，只要心無旁鶩去做一件事情，就可消除妄念。禪把心無旁鶩、完全投入的境界稱為「三昧」，亦即全心全意投注在一件事情。臨濟禪在禪坐時，數息到一百下，心無雜念的數到一百之後，再從一開始數息。

從「一」開始數息時，就全心全意投注在此件事情上，這也是一種打消妄念的訓練。

所以，你不妨也試著全神貫注在數息上，就算只能數十秒鐘也無妨。現在就開始吧！

……你已經順利做到了嗎？你可能發現到這件事情似乎非常困難。

我也是從開始禪修時才發覺到這一點。「腦袋瓜完全不想事情」這件事簡直堪稱為非常艱難的「特技」，因為我們的心隨時都在尋找任何題材而動個不停，當我們在腦中浮現出「不要想」的時候，我們已經在「想」了。這就錯了，這就是妄念。

現在你應該可以了解到，「腦袋瓜不要有念頭」其實非常困難，但是如果能做到這種程度，就表示你已經達到「三昧」境界。

雖然說很難，其實在我們的日常生活中，這種境界也很常見。

例如打高爾夫球就是一個絕佳的例子。只要仔細觀察打高爾夫球的人，就會發現他們打球的時候，腦中所想的就只有高爾夫球。

第一洞開球時，他可能還會想到公司業績好壞、和老婆吵架的事情，但是大概打到第三洞時，所有的事情大概都飛到九霄雲外了。所以，有人說打高爾夫球很容易中毒，這是不難理解的。

也不只是高爾夫球而已，有的人全心全意做生意，稱為「生意三昧」；有的人專心吃飯，就稱為「吃飯三昧」。

我有一個很愛釣魚的朋友，不管白天工作多忙，一下班就扛起釣竿去夜釣，而且一點也不以為苦，甚至還樂在其中，完全投注於釣魚一事。

我們不妨也自己反省一下，應該也會發現到，當我們沉迷於某件事情時，好像也會接近於這種「三昧境界」。

在孩子身上尤其容易看到這種情況。把小孩子帶到公園後，他一定是全神投注在「玩耍」，他會忘掉學校功課，一心一意都在遊戲玩耍。總之，不安就是妄念，妄念根本毫無用處，如果將心的能量耗費在妄念中，那是最可惜的。

呵呵！
這是我的
妄念三昧！
我想要擁有
錢、衣服、房
子、汽車……

小開悟　全心全意投注一件事情，妄念就會消失

罣礙 13

別人是不是認為我
愚蠢又沒有知識

知識，「純粹是一種知」的能力
智慧，是知識加上行動力

知識和智慧有著很大的差異。所謂「知識」，純粹是一種知的能力，所謂「智慧」，是「知識」加上「行動力」結合而成的能力，是真正的聰明。擁有智慧的人代表腦袋很聰明，所以，根本不需要去煩惱自己有沒有知識。

然而，世上還是有許多人自以為在腦袋中填滿知識就代表自己很聰明。如果把這種人流放到無人島的話，就算他不想承認，也會發現到他所擁有的知識根本毫無用武之地。禪宗強調「不立文字」，闡釋的是「以心傳心」，所要傳授的並非文字或語言所能敘述，更不是知識。

然而，有知識的人開始禪修時，往往就變成禪修傻瓜，整個腦袋瓜想的都是如何理解禪，於是大量閱讀與禪相關的書籍，甚至自以為很了不起，認為在不久的將來必可悟道。

當你在閱讀書籍時，也務必請你要特別注意。

請你務必了解到，知識和智慧兩者間的差異。

例如：開始禪修時，頭腦會產生生理方面的變化，可以藉此學會客觀地觀察事物；這就是所謂的「知識」，亦即可以由此了解到禪修的機制。

擁有這種知識的人開始禪修之後，他的腦袋裡一直想著「我的頭腦將會發生生理方面的變化，我將會成為一個可以客觀觀察事物的人了」，換句話說，這個人的頭腦裡充滿妄念，根本無法體會到禪修本質。

所以，這並不是真正的禪修。真正的禪修，是把事前得知的各種知識完全「放下」，讓自己接近於「無」。換言之，知識反而會妨礙禪修。

最理想的做法是，把已知的知識先擱置在一旁，讓自己幾近於無，這才是真正的禪修。亦即把「知識」加上「行動力」，才能成為真正的「智慧者」。

孩子呱呱落地時，他的心有如一張白色畫布，擁有一個純潔無垢的大宇宙。若要在孩子的內心作畫，第一筆畫下的應該是「慈悲心」。

正因為孩子的內心是一張純白的畫布，所以很容易下筆。然而現今的教育卻著重在知識的傳授，也就是採取填鴨式教學的「英才教育」方式。

所謂「英才教育」，不論在考試或就業競爭中，著重在踩在別人頭上一直往上爬的教育方式。也就是在孩子的白色畫布上，畫上「競爭」的黑色圖畫；令人擔心的是，這樣的父母幾乎是源源不絕。

「讀書」的真正用意應該在「幫助有需要的人」，讓世界變得更美好。其實禪修也是如此。如果你認為「救自己就夠了」，恐怕你根本誤解了禪修的真正意義。

禪修其實就是「行動」，行動就是「力量」，然而「知識」並非力量。

充其量只能說是一種「工具」，有時也像是「生魚片擺盤用的配菜」，有配菜固然可以增加擺飾，但是這些配菜絕對不是真正的主角。

當我還是意氣風發的生意人的時候，我讀過數千本書，腦袋瓜裝了滿滿的知識，原本準備好好發揮一下。

但是，四十三歲的我失去社長的頭銜之後，我才了解到光靠知識是毫無用處的，於是我決定丟掉所有的商業書籍。

佛陀並沒有對眾生傳授知識，而是以「人格」來教導眾生，眾生皈依的是佛陀的人格。

如果眾生想要皈依的是學識淵博的學者，那麼在佛陀時代簡直多如過江之鯽。

而且，佛陀對每個眾生的說法方式完全不同，佛陀會隨著不同的人而改變說法方式，這也是佛陀獨有的，不是一般有知識的人可以辦到的。正因為佛陀有智慧，才能夠紮紮實實的對人說法。

所以，請你千萬別感嘆「知識無用」，而是應該憂心自己缺乏智慧。

罣礙 14

人際關係與工作壓力常常讓自己抑鬱寡歡

「活著」就值得慶幸了
沒有生命，就沒有工作，
更不會抑鬱寡歡了

以前我曾在某個部落格看過一個故事。

有一天，村子來了一個惡魔，對著村人說：

「明天我要奪走你們所有的東西，不過，我也有慈悲心，我會讓你們留下最想留下的物品，因此，在明天太陽升起之前，你們要把這個東西寫在紙上貼在門板！」

第二天，惡魔依約答應讓村人留下一樣最想留下的東西，但是，惡魔卻發現村人早就溜光了，只剩下一個人，門上的紙張寫的是「命」！

大家一定常聽過這類的故事。

現在，讓我回到主題。很多人找我諮商，這些人通常都為了人際關係或工作壓力讓自己喘不了氣，甚至有很多人因為憂鬱症而整天嚷嚷著想死。

就算我告訴他們惡魔和村人的故事，這些人大概也只會回我「這樣說來也沒錯，可是……」，似乎覺得這個故事跟自己是毫無關係。

這些人用寶貴的生命來交換工作與生活，他們的腦袋明明也了解到這一點，卻還是會跟我說：

「可是，我還有房子貸款，我的孩子也必須上大學，就算我不喜歡我的公司，我還是必須上班。」

命都沒有了，還奢談什麼貸款或上大學呢？明明就是很簡單的道理，人們卻常常忽略掉，或許這就是人性吧！

好幾年前，我曾經有過心肺停止、瞳孔放大的瀕死經驗。

活著的時候，我確實遭遇許多挫折，但是當我回顧一生，卻發現活著比死好上一百萬倍。只要活著，不管好事或壞事，只要自己決定即可去行動。真的面臨死亡時，這種理所當然的事情對我而言卻也是最吸引我的。

我想說的是，這次經驗令我察覺到「活著就是一件美好的事情」，有過這次的瀕死經驗之後，我開始懂得心懷感激的度過每一天。

三十多歲時，我一直認為自己的一生就是繼續意氣風發下去，別人或許會死，但是絕對不會發生在我身上；而且我一定會領到高額退休金，自己的人生也將會一直持續。

但是，現在我的想法比較接近於「能夠活著就夠了，即使明天死了也希望自己毫無遺憾。」這是因為經歷過瀕死經驗之後，我對於每天能夠活著就心生感謝，讓我懂得全力以赴認真對待每一天。

藉由那次的瀕死經驗，讓我了解到「活著，就是一件美好的事情！」總之，活著，就已經非常值得慶幸了。

只要站在這個立場，應該就會發現到人生其實可以有各種選擇。如果你現在覺得遭遇到非常重大的煩惱，請你不妨先站在「活著就已經值得慶幸」的觀點，重新思考一下你的人生。

應該是生命才是最重要的呀！

小開悟　請以「生命」為基準，重新反省你的人生。

罣礙
15

動不動就出現嫉妒、生氣等等負面情緒和煩惱

沒有煩惱就沒有菩提，世上唯有人類才有這種潛能

蓮花是佛教的象徵，而且污泥越深越厚，開出的蓮花就越漂亮。

這個道理也可運用在人的身上。抱持越多的貪、瞋、痴，亦即煩惱越多，只要有一天幡然醒悟的話，一定可以成為了不起的人物。

此乃佛教所說的「煩惱即菩提」。

也就是說，有煩惱，才會產生追求開悟之心（菩提）。只要是人，就一定有煩惱，所以才會追求開悟，而且也很可能因此而大澈大悟。

換言之，沒有煩惱，就無法澈悟，就如同沒有污泥的話，蓮花就無法綻放。

以前我正陷入愁雲慘霧的煩惱時，我就是因為這句話而得到解脫。

以前的我經常自以為是的認為：

「我是外資公司的社長，沒有人比我更厲害了！」

在這種錯誤的認知下，我的態度極為傲慢，任何人都不在我的眼裡，對部屬頤指氣使，甚至隨便就開除員工。

明明我的薪資已經很高，仍然不滿足，自認以自己的能力一定可以賺更多錢，因此，我經常穿梭在銀座附近，夜夜笙歌應酬做生意。

其實當時的我早已經陷入煩惱深淵中，我所擁有的污穢的心性與煩惱的深度應該已遠遠超過別人。

但是，當我開始禪修之後，我有了重大的轉變；我開始懂得縮小自我，並且開始懂得貼近別人。

不久之後，發生了我從來就不曾想過的事情。

我居然可以幫助許多為家庭或工作徬徨失措的人，而且我每天都是精力充沛的面對我的工作，晚上也可以一夜安眠。

過去的我一再追求虛名，盲目追求財富，希望能夠在夜夜笙歌中獲得喘息。但是，經由禪修之後，我的內心再也找不到這種想法與情緒了。

這簡直讓我難以置信！這一切都是拜禪修所賜，讓我從煩惱深淵中得以解脫。

像我這種人都可以因此而改變，如果你也來試試看，相信一定可以改變，也一定可以得到解脫。

心裡有煩惱確實令人感到不舒服，但是，如果你能夠真正打從心底徹底悔悟的話，就很有可能綻放出又大又美的花朵。

在人類社會中，最不求長進的就是不做好事也不做壞事的「旁觀者」，這種人不太可能擁有追求菩提（開悟）的潛力與能量。

假設你破壞了某種社會常規或是犯了某種罪的話，你一定會起煩惱心。

我並不是在稱揚做壞事是好事，不過，我認為你很可能將會因此有了一百八十度的轉變，因為你是「人」，而且也唯有人，才擁有此種潛能。

煩惱即菩提。

請你仔細思考這句話。

不可否認的，煩惱太多也不好，「煩惱即菩提」的「即」並不表示「等於」。

遇到重大煩惱的人，若能訓練自己保持「正確心念」來看穿煩惱的本質的話，最後必然能夠開出又大又美麗的蓮花。

罣礙 16

為什麼我總是惹人嫌……

避免讓無聊之人圍繞在你的身邊

佛陀曾經說過：

「若有人欺騙你、背叛你、陷害你，其實這也沒什麼大不了的事情，都是因為他們討厭你、憎恨你才會做這種事，才會說你的壞話或騷擾你，其實這些都沒什麼大不了。如果你因此出現忿怒、嫉妒、羨慕、憤恨等扭曲的心情，反而會對你造成重大傷害。」

真正讓自己受苦的，其實是你自己呀！

惹人嫌惡或是遭人辱罵，確實會讓人感覺不堪。但是，倘若因為這樣而令自己內心出現負面情緒，這種痛苦才是最無可比擬的，也是最傷害自己的。

追根究底的話，或許可以歸咎於別人身上，但是，你自己對這件事情的看法，卻可以讓這整件事情所具有的意義有所轉變。

倘若可以完全不理會對方或是欣然接受的話，這些騷擾或惡意批評反而就像微風悠然吹過身邊一般消逝而去，而且就在這個念頭產生的瞬間，所有負面情緒都將一掃而空。不過，如果這些騷擾或惡意批評讓你忿怒難忍的話，就在這一瞬間，你的心已經籠罩在地獄的業火之中。

為了不讓內心扭曲，現在你可以採取的迴避策略就是「在生活中，不讓無聊之人圍繞身邊」。

前面提過「將惡意批評視為微風悠然吹過身邊……」，但是，被無聊之人惡意中傷所帶來的強風，很可能會造成人生的重大損害，連帶的也會造成心裡受傷，毒性會從傷口進入體內，進而使內心萌發忿怒恨意。雖然這種過程很常見，卻是內心地獄的形成過程。在這個過程中，就如同和敵人時時刻刻生活在一起。

有些人外表看起來溫柔敦厚、有些人的社會地位崇高、有些人才華洋溢，但是，在這些人當中，「無聊之人」所佔的比例相當高。

所謂「無聊之人」，指的是不了解自己的內在，完全不想控制自己情緒的人。這種人乍看之下似乎「不錯」，但是，卻習慣隨口批判身邊的人。

如果你希望自己擁有健康的心理衛生，我推薦的方法是：多多接觸懂得調整心靈、努力控制自己情緒的人。

這樣的人才能夠讓你的心情得到撫慰，可以提升你的心靈層面，說得更明白一點，你才能夠和他一起步入幸福人生。

倘若你的生活已經和無聊之人有著密切關係，或許你該斬釘截鐵的切斷此種緣份，或許這麼做才是對你有幫助的！

你應該拋棄掉世俗的看法或社會觀念，並且告訴自己：

「我絕對不再讓自己的心理受創！我絕對不再讓那些無聊之人圍繞身邊！」

如果你希望擁有幸福人生，很多情況你必須下定此種決心。

別人的惡意批評很可能造成強風⋯⋯
愚蠢
笨蛋
無用之人
搞不清狀況
白癡
混帳
超級笨蛋
笨蛋加三級
小開悟
不在意別人的惡意批評，
惡意批評終將如微風一般消逝而去

罣礙 ⑰

我總是跟別人說客套話或說一些社交辭令

真正的「極樂」就是以真心和別人交往

我很喜歡「真心」這個詞彙。我經常在想：「真正的禪修，就在於修行『真心』」；而且，人之所以可以是人，就在於人有「真心」。

所謂「真心」，包含有慈愛、慈悲、信賴、誠意、勇氣。當真心碰到真心時，就可以體會到「極樂」的真諦。換言之，真正的「極樂」，就是人與人之間的聯繫，也就是「以心傳心」。

不可否認的，在我們的日常生活當中，算計、不安、猜疑還是佔大多數；因此，常常需要利用社交辭令來互相掩飾，或是利用恭維的語句使事情得以順利進行。

事實上，即使是夫妻，有時也有難以溝通的時候；更何況是工作上的人際關係，想讓彼此真心相待簡直是緣木求魚。

在人際關係中，偶爾也會用到諂媚、奉承、客套，懂得逢迎拍馬的人有時還會被稱讚為「通情達理」、「手段高明」。

小孩子一向都是真心待人，根本不會逢迎拍馬，也不懂得算計或猜疑心。但是，他們很可能在某個時候有過被人背叛的經驗，從此學會了不用真心待人的訣竅。

然後，小孩子還會在內心設一道防線，並且學會每次只拿出一點點真心待人，我們常常誤以為這代表孩子已經長大了。

然而，事實並非如此。這是因為他們完全了解被背叛的情況，就算遭人背叛也不再覺得有什麼大不了。

因此，即使對方對他的真心應付了事也ＯＫ，自己的真心遭到算計也ＯＫ，就算真心遭到了背叛也ＯＫ。

有時當他表現出真心的當下，對方卻露出「這個人不知道又想耍什麼詭計」的表情也都ＯＫ。其實，這種人是多麼的可憐啊！一輩子懷疑東懷疑西，那簡直跟活在地獄裡沒兩樣。

唯一可以確定的是，只要你不是真心待人，別人真心待你的機會也就等於零。不可否認的，即使你真心待人，得到對方真心回報的可能性或許也只有百分之零點一。

但是，其實這樣就夠了。我前面已經提到，彼此都能夠真心相待，才是真正的「極樂」，由此可知，「極樂」並非很簡單就可以到手的。

再者，只要我們懂得培養真心，即使這份誠意無法完全傳達給對方，或是受到對方背叛，就不會特別在意！總之，真心待人的人是不會去計算利益得失的。

禪修，就是我們心靈的宇宙之旅，也是心靈之旅。持續禪修之後，將會察覺到比過去所認知的還要更深層的「真心」。在某種意義來說，就形同撥雲見青天一般可以看到像藍天一般的真心。

這樣的人才是最厲害的。就算遭人背叛算計，也不痛不癢。而且只要擁有真心，確實就可以減少人生的「苦」。

有一位和我一起禪修的師兄，據說就在他專心禪修時，最後有機會遇到一位和他心靈相通的禪師。這位師兄跟我說：

「我們兩人的真心互相契合，不管我們談論哪個話題，我們都很確信彼此完全了解，我們宛如已經認識一百年的知己，真正的『極樂』好像就在眼前。」

這種情況或許已堪稱人際關係的最高境界了，俗話說「得一知己，死而無憾」，也就是說，一輩子若能遇到一位知己，即使只是一瞬間，此生也已足矣。

總之，請努力找出隱藏在你內心的「真心」，一切關鍵就在其中。

罣礙⑱

屬下工作效率欠佳，總是令我焦慮不安……

卸除自己的過濾器

我的工作對象是「人」，形形色色的人會來找我諮商。每一次我一定會做好心理準備：我要讓自己的「心」去迎合每一個「心」。換句話說，我要先把自己的想法與利害關係先擱置一旁，完全站在對方的立場考慮他的想法與需要。

原本這是很難做到的，但是，藉由禪修我終於可以慢慢做到。換句話說，我是藉由禪修，訓練自己在觀察人事物的時候盡量不透過自己這個「過濾器」。

佛教稱此為「正見」。「正見」是佛陀為了幫助眾生遠離人間痛苦而說的「八正道」之一。

修行到把自己的心當成一面鏡子，可以映照出對方的內心。

若要達到這種層次，就必須把自我縮小到極限。直到可以把對方的內心原原本本的映照在自己的心上，達到這種境界之後，你就是禪師了！這就是禪修的目標。

其實要達到這種階段是很難的，我也尚未達到這種境界。

我當社長時，擁有許多屬下，我經常透過我本身的「過濾器」來觀察部屬。

「這個傢伙能不能幫我增加業績呢？」

「這個傢伙是否可以幫我賺錢呢？」

我都是透過自己這個過濾器在觀察部屬，根本不在乎每位員工的「真實面貌」。

說得更準確一點，當時我的內心早已被濃濃的「貪念」雲霧遮蓋住，屬下的真實面貌完全無法映照在我的內心。當時的我，全身上下早就裝滿過濾器。

把自己設定為零，把對方設定為一百，才能夠「不透過過濾器」來觀察一切事物。

若要達到這種層次，首先就要先察覺到「自我」；也就是一開始就要注意到，自己的眼睛究竟被什麼東西遮蓋住。

當你認為屬下的一舉一動無法如你所願而令你焦頭爛額時，那是因為凡事你都是百分之百先考慮到自己。完全只看到有利於自己的，才會因為叫不動對方而令你心煩意亂；你的眼裡，完全被「公司業績」、「提高自己的聲譽」給遮蓋住了。

如果你不努力設法卸除掉這個過濾器，終其一生你都會活在焦躁當中，而且一輩子也找不到可以完全如你所願的屬下或任何人。

只要活著，任何人身上都擁有過濾器。

唯有努力自我訓練，才能夠卸除這個過濾器。我們常講的「看見真實面貌」，另一層的涵義就是「專注於當下」，而且可以從「對過去感到後悔」或「對將來感到不安」完全解脫。因此，當務之急就是請你把自己內心的過濾器一一卸除掉吧！

最具前瞻性的聲明

小開悟
首先要找出自己的眼睛究竟被什麼東西遮蓋住

罣礙 19

別人的無心之言，聽起來卻充滿惡意

避免憑著臆測
不斷膨脹別人的惡意與印象

佛說：「人活著難免有煩惱，煩惱才是痛苦的根源。」

為了消除人世間的苦，就必須把煩惱縮小，甚至化解到無，這個道理人人皆懂。

不過，佛又說：「煩惱至極即為無明」，所謂「無明」，就是缺乏正確判斷事物與正確觀察事物的智慧。

這才是無法化解人生之苦的根源，和前面談過的「正見」或「自我過濾器」都屬於同樣的道理。

例如：你和朋友吵架了，平常的話不需要太久的時間你們就會言歸於好。

但是，在這個人世間，有時候可能只為了一點點吵架或不同意見，就開始把錯誤的臆測不斷不斷的膨脹。

「那個傢伙平常很可能就一直不喜歡我的所作所為，或許我和他根本就稱不上是好朋友！」

忿怒、怨恨、猜疑心不斷膨脹，最後根本就忘了造成兩人嫌隙的小事情，反而把對方的無心之言一直擴大再擴大，認為對方的一言一行都充滿惡意。

完全忘記彼此的爭執原因，把對方的無心之言一直做惡意的解釋並且不斷膨脹，這就是「無明」。

無明並非僅限於個人，甚至也常出現在國與國之間的戰爭。兩國之間根本忘了雙方的爭執點究竟是什麼，卻只著重在「憎恨對方」而掀起數百年的戰爭，這種情形經常發生在國與國或民族與民族之間，這也算是「無明」。

「無明」也不僅限於爭執。例如：自己明明就很努力工作，卻無法頭角崢嶸出人頭地，自己為此事煩惱不已。這就是無明。

其實出人頭地並不是幸福人生的目的，不妨就把它忘了吧！如果你一直執著於這種極有限的價值觀，這就是無明。

所謂「無明」，也可以說是「缺乏智慧所造成的妄念」。

例如：人們認為世上存在著「黑暗」，但是，當亮光投射到「黑暗」，「黑暗」就會在瞬間消失。

換句話說，這是因為人們不知道「亮光智慧」，才會誤以為世上有「黑暗」，其實在真實世上並沒有「黑暗」的存在。

不懂得正確的佛法，就會一味追求出人頭地、名聲、地位、財富等原本不具價值的東西。

這些東西都是「短暫的」，都是「黑暗」，一旦你知道「亮光」（正確佛法），當下你就會為自己居然處心積慮追求這些東西而感到可笑。

佛陀以禪修來解脫無明。因為煩惱一直存在心裡，所以佛陀想要訓練自己修心與轉念，才開始禪修。

後來佛陀果真在一片光明下體會到真如本性，這就是開悟。

一旦開悟之後，就不會再把眼光集中在原本就不存在的別人的惡意、原本就不存在的黑暗、以及毫無價值的聲譽、財富等等，因為這些本來就不存在的。

如果你毫無作為的話，你就可能在無明中誕生，也在無明中死去，這是確確實實的。

佛陀從自己實際的體驗當中，告訴眾生：

「為了不讓自己在無明中誕生與死去，最好的方法就是訓練如何轉念。」

這就是「一切唯心造」的意思。

罣礙 20

我總是滿腹牢騷
與不停的抱怨

痛苦到想死的程度
就不會再滿腹牢騷了

白隱禪師曾經說過：

「六道輪迴因，只緣愚癡闇，漫漫長夜路，何時了生死。」

譯成白話的意思是：「『抱怨』是人間地獄，在此生結束之前，要盡快停止抱怨！」

幾乎所有的人在每天生活當中，內心都有許多不平與抱怨。

一生當難免會遭遇挫折，也可能受到別人的阻礙。

因為這樣就要發出不平之鳴或是抱怨不停的話，可能就太過份了，其實這全都是我執太強所造成。

我們不應該每天都活在抱怨、牢騷當中，反而應該持相反態度，抱持感恩的心態才對。

每一天都應該心存感恩。

即使遇到非常不幸的事情，也要心存感恩。

只要每天都心存感恩，就不會整天毫無意義的抱怨，一輩子下來你就會發現有著天壤之別的差異。

一切唯心造。

所以，在同一天當中，可以是心存感恩，也可以是心生抱怨。所以，我們應該努力讓自己隨時都保持心存感恩的心態。

治療愛抱怨的人的特效藥，我認為就是讓他「非常痛苦到想死的程度」，也就是讓他體驗過痛苦到想死的程度，他才能了解到活得很普通就是一種幸福。

也唯有讓他有過這種經驗，他絕對可以了解過去老是愛抱怨發牢騷是多麼惹人討厭。

家母罹癌即將死亡之前曾經跟我說：

「有一口氣可以好好吃飯，就是最大的幸福了！」

這句話的意思是：

「只要能活著，就很感恩了。」

不過，我要強調的，並不是人在臨危的時候就會產生感恩之心。

如果希望在日常生活中經常心存感恩的話，最快的方法是「對別人盡心盡力」。

只要對別人盡心盡力，別人自然就會感謝你。

當感謝和感謝產生擊掌效果時，這就是「極樂」。

有人發生困難，我們就要盡力伸手援助。

得到別人感謝時，我們就要感謝對方的感謝之心。

只要你下定決心對待別人盡心盡力，即使有一天跌倒了，你還是懂得心存感恩過每一天。

這就是人間煉獄
我的上司很機車，
我的同事也很爛…
咬你一口
戳你一下
用力！

小開悟　一生很可能在抱怨之間就結束了

罣礙 21

別人的一句話
就令我心情沮喪

想想人世間的一切，
就可以完全忘掉
別人對你的指責！

在這個世上，有的人只要聽到別人的指指點點就感到非常沮喪，有的人卻毫不在意。為什麼有人在意，有人卻不在意呢？兩者之間的差異究竟是什麼呢？

或許有人會說：容易心情不好的人，他的心比較脆弱；不會心情不好的人，他的心比較強硬。不過，這種說法也太簡單了。

在我意氣風發的年輕時代，部屬和客戶一定認為我是一個作風強硬的人。年紀輕輕就當上社長，業績也蒸蒸日上，行事風格強悍，所以我在別人眼中的的確確就是很強硬。

然而在另一方面，我卻是一個很容易因為別人一句話就嚴重受傷的人。當業績稍微下滑時，我就感覺到有如世界末日。雖然我還是硬撐不讓別人發現，其實我的內心已經非常脆弱。

總之，拼命想要守護「自己」或「自己地位」的人，其實內心是很脆弱的。「地位」有如風中燭，隨時隨地都可能受到威脅，任何人根本無法按自己的想法去守護這類東西。不管你是社長、是總理大臣或孩子王，道理都是一樣的。

一旦處心積慮想要守護自己的地位或任何東西，就可能會因為別人一句話就令你深陷不安或杞人憂天的痛苦深淵中。

你的內心將會被綁架，既擔心這個又害怕那個，心情跌落谷底。這就是容易心情沮喪者的心理機制。

說到這裡，各位就應該知道，相對的不會因為一點風吹草動就心情沮喪的人的心理機制了吧！

這種人就是懂得「先天下之憂而憂，後天下之樂而樂」的人，他首先考慮的是整體利益與別人的心情，因此，縱使受到別人的閒言閒語，他毫不畏懼。

不過，我們通常認為凡事懂得自我防衛的人，似乎才是比較強的人。

然而這種人通常都擁有一顆脆弱的玻璃心，以前的我就是這種人。當時的我名利雙收，卻總覺得高處不勝寒。最後果然證實我無法守住所有名利，甚至不值得去守護。

人類的DNA裡本來就設有「自我防衛」的程式，也就是說，人類是越放任自己，「我執」就越增強的一種生物；偏偏這種生物卻是很脆弱，很容易受傷也很容易沮喪。

正因為人類是這種生物，所以就更需要藉由修行來縮小自我。

每個人都不應該我執，也不該執著於財富或權威，倘若因為執著名利而受到別人的責難，也要「死不認錯」的說：「我確實是這樣的人啊！那又怎麼樣？」

所謂「死不認錯」，有時候也是我們體內潛藏的一種自我防衛能力。完全沒有「我執」的人，一旦受到別人批評，他一點也不會掛在心上，因為他考慮的是眾生，因此他心裡想的是：

「這沒什麼啊！這件事我早就反省過了！」

不論別人說的對或不對，他才不管別人說什麼，別人的批評就像耳邊風一樣。就算要用到「死不認錯」，他也不會傷害到別人。他不會說：「這和你這個混帳東西有什麼關係！」頂多只會跟對方說：「或許真的是這樣……」

話一說完，他早就把這件事忘得一乾二淨，他考慮的還是整體。倘若能夠培養出這種習性的話，就相當可喜可賀，批評你的人將會越來越少。

罣礙 22

沒有馬上收到電子郵件的回信，自己就感到不安

追求真理時，隨時都要回歸到以自己為中心

不論是兩千五百年前的佛陀時代，或是兩百年前的良寬法師時代，當時人們的生活環境比現代人更貼近大自然，每天與大地、樹林為伍，過著和我們截然不同的自然生活。人們的聊天話題不外乎話家常，例如：「隔壁村的阿貓阿狗……」、「○○村的阿雄……」，然而，古代人的苦惱或人生之苦其實和現代人完全一樣。

生活在大自然的人們也和我們現代人一樣，擁有相同的迷惑與苦惱，佛教才會應運而生並且受到大眾歡迎。相較之下，活在資訊發達社會的我們應該比古代人不苦惱才對，然而事實並非如此。

每天的報紙或電視新聞都在報導全世界的不幸話題，網路上大量流竄各種謊言、詐騙或胡說八道的流言。再者，我們常常誤以為手機或電子郵件將你我之間拴在一起，乍看之下或許真的「把大家拴在一起」，而且就像是拴在牢裡一樣。

因此，發出郵件之後，如果沒有收到對方的回信，多數人會一直掛在心上。

其實只要用平常心看待就可以了解到，對方沒有回信不外乎幾個理由：可能對方正在考慮如何回信、可能對方的手機正在充電、可能他出國旅行去了……

該有回信的時候就會收到回信，不該有回信的時候就沒有回信；不能因為對方沒有照你的想法採取行動，你就一直掛心此事而白白浪費寶貴時間，這實在太可惜了。反正該來的一定會來，不該來強求不來。

這個道理很簡單，每個人不可能不懂；也可能腦袋明明已經了解，心理上卻無法接受。明明知道「這樣的生活好像很奇怪」，卻往往深陷在複雜的資訊社會中，根本找不到方法從此種泥淖中跳脫。其實想要脫離這種泥淖，只有一種方法。

這個方法就是不論對人或對手機都不要執著，必須擁有「自我判斷的軸心」。例如：一通電子郵件就常常讓你掛念著：「為什麼對方還不回信」、「怎麼回信內容這麼短」；這都是因為你對人的依賴所產生的不滿，也就是說，你的內心還缺乏自立。

在如此複雜的現代社會中，各種資訊到處流竄，心也容易受到迷惑，有時候也希望能夠讓別人擁有安心感。倘若這種依賴繼續發展下去，或許就可能這個時刻是憂鬱，下一個時刻卻陷入急躁。但是，只要我們擁有「自己的軸心」，就隨時可以把自己的心拉回來。

隨時可以安息的場所，就是我們的「心」，也就是「自己的軸心」，這也正是本書所介紹的禪的真理。

然而，人們往往忽視真理，過度膨脹自我，因此，我們必須要持續不斷修正，以真理作為準則來修正自己的心、修正言行舉止、修正看法。禪稱此為「迴光返照」，意即「經常自我觀察自心是否偏離真理」。

總之，在複雜的現代資訊社會，倘若置之不理任其發展，人們容易罹患心病，惟有學習真理才能解決。

追求真理時，隨時都要回歸到以自己為中心，這是現代人必須學習的課題，絕對不可自我放棄。

不在意對方是否回信的唯一方法，就是不要寄出電子郵件!?
未送信匣 1

小開悟〈 發出電子郵件之後，就以平常心待之。

罣礙
㉓

我沒有錢也沒有
響亮的頭銜……

「察覺幸福」的能力
遠勝過「構築財富」的能力

我每天有很多機會可以見到形形色色的人，這些人來自於不同職業領域，擁有不同頭銜。因此，我體會到一件事：「人的真正價值，在於心境高度」。

人的真正價值絕對不在於頭銜、資產或收入。一個擁有響亮頭銜的人，如果我執極強，整天只會把頭銜掛在嘴上的話，我認為實在可惜。

一個人的價值觀完全在於一輩子賺多少錢的話，就等於此人選擇了一個自己很難生存的方式。

我們的人生並非只用來賺錢，如果你想把一生全部投注於此，那就請便吧！不過，至少我不太願意和持有此種想法的人走得太近。

我並不認為頭銜與高收入不好，擁有頭銜與高收入當然是好事，我要強調的是，我們不應該把自己的價值擺在這裡。

我經常跟別人談到，我以前簡直是一個大傻瓜，我住過全世界最高級的飯店，高級香檳酒配鵝肝醬、魚子醬是我的家常便飯……當時的我稱得上是做盡一切傻事的大大笨瓜。

後來我到了禪修道場，用餐是一湯一菜，睡的是一個榻榻米，生活過得很簡單，但是早上一睜開眼卻是無比輕鬆，比睡在高級飯店還要舒服愉快。對我而言，道場簡直就是五星級飯店，高級香檳酒換成清湯、魚子醬換成醃漬泡菜，然而就「心的幸福度」而言，卻是再高級的飯店也無法相比的。

所謂「一簞食，一瓢飲」，意思是一碗飯和一瓢水就能夠令人心滿意足，日本俗話說「起身半疊，躺下一疊」，都在告訴人們生活起居並不需要太多空間。能夠以歡喜心過著簡樸生活的人，他的心境才是最高境地，這種人也才是最有價值的。

由此可知，幸福並非「構築」而來，而是要去「察覺」，「構築財富」的能力和「察覺幸福」的能力，兩者的等級有著天壤之別。

不可否認的，擅長賺錢和心境高度並沒有因果關係，不過一般說來，很會賺錢的人或許比較難擁有較高的心境高度，因為胸前垂掛動章之後，難免就會比較沉重。

以人際關係而言，「心境高度」指的就是「對別人的體貼」，亦即慈愛心、慈悲心，除此之外，再也沒有一個尺度可以用來決定人的價值。

大家一定知道印度聖雄甘地吧！甘地從未動用過任何頭銜，就讓整個國家動起來，也震撼了歷史。

甘地並沒有「社長」或「部長」的頭銜，卻博得整個印度國民頒給他「Mahatma」（聖雄）的榮譽，「Mahatma」一詞的原意是「偉大的靈魂」，這才是值得我們爭取的頭銜。

當我真正了解到甘地的所作所為之後，我唯一的想法是「一個人真的可以做到這種程度嗎？」

當時的印度因為印度教徒和伊斯蘭教徒之間掀起國內戰爭，甘地採取絕食手段祈求印度和平，結果獲得數億印度人的支持。

之所以如此，並不是因為甘地擁有權力與武力，光靠這些絕對無法平息印度的內戰。人們是受到甘地的高度心境所感動才收起武力，這也正是甘地偉大之處。

罣礙 24

總是跟別人比薪水、工作和婚姻……

安裝一個新的「繩文人的操作系統」就不會處處跟別人比較

＊ 繩文時代：是日本舊石器時代後期，公元前 14500 年～公元前 300 年前後的時期。生活方式以狩獵採集為主，武器是弓箭。

「競爭」是我們的DNA中早已設好的一種程式，「弱肉強食」是生存的定律，因此，一旦放任不管，每個人天生就想和別人競爭，無時無刻都想贏過別人，而且只要稍微比別人好一些些，就會產生優越感。

不過，人類也曾經擁有過沒有競爭的時代，例如日本的繩文時代就是如此。當時居住在日本的民族屬於狩獵民族，人與人之間或部落與部落之間並不存在競爭的情況。

原因之一是，當時的人口密度很低，根本不需要競逐勢力範圍。原因之二是，狩獵完全憑運氣，有時可以順利捕捉到獵物，有時候可能沒有半點收穫，因此，就算和別人爭來爭去也不見得有用。總之，打獵必須憑運氣，捕得到獵物的話，大家就高高興興的分配，這也正是當時社會的基本設計圖。

但是，當日本進入農業時代之後，一切就完全改觀了。

農耕社會的人們開始死守自己的勢力範圍，以「村」為單位設置護城河來防止敵人入侵。農耕屬於計劃性的生產，於是就逐漸出現貧富差距，也開始產生權力。總之，當時的「彌生人」把競爭的原理帶進了日本群島，完全不懂競爭原理的「繩文人」則被「彌生人」追著跑。

＊ 彌生時代：約在公元前 300 年～公元 300 年，具有先進的水稻農耕技術，一般認為這是朝鮮人、吳越與中原漢人帶來的影響。

由此可知，年輕時候的我就是「彌生人」，我的人生目標是出人頭地，埋頭苦幹殺出一條血路為的就是要比別人更有出息。

於是，我把「競爭原理」視為理所當然的大前提，一旦贏過別人就產生優越感，稍遇挫折就認為是自己受到羞辱，甚至還更在意別人眼光。

然而，這是最最下等的生活方式，因為「人身難得」，我們就應該以慈悲心看待競爭落敗的人，或是承認對方是「可敬可佩的失敗者」。我們必須把心境提升到這種程度，否則就枉費我們生而為人。

有的人即使在奧運獲得金牌，卻可能在他的人生跌了一跤；有的人雖然得到第四名或第五名，他卻覺得這是人生最美的時刻。

從我開始禪修後，我就轉變成「繩文人」，再也不想跟別人比較，也不在意別人的事了。我明明活在充滿競爭的現代社會，不過，我開始懂得把全部注意力集中在自己的事。

「沒有競爭，世界就不會進步」，其實這是妄念！管他是輸是贏，好像也沒那麼重要！不和別人競爭或爭輸贏，心就會平靜；難道就一定要跟別人爭個你死我活才算是勝利人生嗎？一開頭我就提到，「競爭」是我們的DNA中的一種本能，也就是電腦所說的「操作系統」，想要違逆此種本能並非容易之事，這麼說來好像又有點悲哀吧！反正我們也不得不承認，在我們的內心裡，一直有一個操作系統要我們「不斷和別人競爭」！

不過，人們在很久很久以前，早已經開發出最強大的工具來重新設定這個操作系統了，這個工具就是「禪修」，亦即藉由審視自己的內心來轉念。

如果每個人都深信競爭原理的話，這個人世簡直有如地獄。倘若想要拯救自己的心，就必須重新設定內心的操作系統，安裝一個新的繩文人的操作系統。

小開悟　管他是贏還是輸，只要不和別人競爭，內心就會平靜

罣礙 25

懷疑身邊的一切人事物

懷疑別人就表示自己還不成熟

我們的ＤＮＡ當中最強大的程式設計，就是「想要留下自己的遺傳因子」，也就是一般所說的異性之愛，這也是最令人困擾的，男女之間才會因此而產生許多糾葛。

例如：「你是不是有外遇？」、「你是不是不喜歡我了？」、「你最近對我比較冷淡……」。

此種本能越強，內心就越幽暗，進而引發猜忌心、猜疑心，所以俗話才會說「愛情是盲目的」。然而，人之所以會萌生猜忌心或猜疑心，也代表人格不成熟，自己的心境呈低級狀態，才會懷疑對方。

前來找我諮商的人當中，也有些人打從一開始就抱著猜疑心來找我。或許你會問我：「他究竟要懷疑你什麼？」答案是「全部都懷疑」。

或許你又會問我：「既然懷疑你，就不要來找你啊！」

我想他應該是非常在意，才會來找我諮商，可是又要抱著懷疑的心態來找我。我覺得擁有這種心態的人，就算天地顛倒過來，這種人也絕對不會幸福。

為什麼這種人老愛懷疑東懷疑西呢？主要是因為他們缺乏辨別真假的自信，卻又要盡力保護自己，自己才最重要，所以才會老是抱持懷疑心。總之，這種人膽子小、可憐又值得同情。這種人活在世上，簡直就像活在地獄。

動不動就起疑心的人，其實是因為他無法信任自己的眼光，只相信權力，對於毫無用處的頭銜、名聲和別人的批評保持一定的信賴度，根本不在乎自己的軸心，只是一味依賴權威。

其次，過度想要利用權威來裝飾自己。不論對人事物只要在別人眼中排上名次，就令自己感到心安，因此也希望能夠利用權威來提升自己的名次。

許多擁有崇高社經地位的人來找我諮商，這些人動不動就愛跟我透露他的榮耀背景，大概是希望我聞之喪膽。

不過，打從我開始禪修之後，我已經慢慢可以看出對方究竟抱持著何種心境，凡是大聲喧嚷自己擁有多響亮名號的人，幾乎都是器量狹小、我執又很強的人。他的目的大概是想「嚇嚇我」，我卻覺得他很值得同情。

有時候我覺得對方實在很可憐，就故意裝作有點被他的頭銜嚇到，結果他就露出洋洋得意的表情，好像在跟我說：「你總算知道我的厲害了吧！」

姑且不談這個話題吧！其實，兩性之間的關係如果能夠事先看出對方究竟抱持何種心態，根本就不需要做無謂的猜忌。

「保持一顆清澈的心」乃是最佳的解決之道。

清澈的心有如一面鏡子，可以清楚映照出對方的心情與一切。

請你先在腦中想像一瓶裝滿泥水的寶特瓶，這就是我們的心。在日常生活中我們經常搖晃這瓶寶特瓶，因此瓶裡總是顯得一片混濁。

但是，倘若我們每天禪坐三十分鐘，或是讓自己的心沈靜一段時間，你知道會發生哪種狀況嗎？你會發現到原本混濁的泥水慢慢的沈澱下來了。

只要把寶特瓶中的沈積物洗滌乾淨，水就會變得清澈，這也代表心也變得清澈了。

清澈的心是最強大的，根本不懂得猜忌，也比別人早一步知道「這個人是一個講究信用的人」或是「這個人是好人，不過在緊急時刻可能會背叛」。於是，就可以根據對方的心態來採取最適合的因應方法。換言之，只要事先了解就不會產生猜忌，因此，在懷疑對方之前，不妨先讓自己混濁的心沈靜下來吧！

罣礙 26

羨慕別人所擁有的一切

所有物品只是向上天租借的，總有一天必須歸還

禪說「本來無一物」，意指「我們每個人出生時，都是全裸空手而來」。

但是，我們卻每天活在小題大作、斤斤計較的生活中。羨慕別人所擁有的，不斷追求物欲。

凡是自己想要的東西就處心積慮想方設法去追求，一點也不想放棄，所以我們才會經常聽到為爭奪財產而兄弟鬩牆之事。

但是，請你仔細想想。這些東西真的屬於你嗎？

我們有房子、有車、有身體、有心，我們都視為理所當然，而且自以為是的活著。

然而，這些物質有一天可能就消失不見，可能你會破產，也很可能收到的支票發生跳票，或是遭遇到天災人禍。

我們的身體總有一天會面臨死亡，也可能因為生病而臥床不起，無法隨意活動自己的身體。所以，若要嚴格分析的話，我們的身體根本就不屬於我們自己。

再者，我們的「心」更不是我們可以主宰的。

明明一再發下重誓：「我絕不再對家人碎碎唸了！」

卻總是不經意又對家人碎碎唸。

或是自我期許：「不要再對人有瞋恨心！」

卻總是不經意察覺到自己又起了瞋恨心。

總之，自以為是自己的東西，卻沒有一樣可以按自己的想法去做。

你可能又認為：「才沒有這回事！我想要做什麼事，一定可以如願做到！」

其實這也只是你當下看到的而已，很可能是你的誤判喔！

為什麼我們無法依照自己的想法順利做到呢？這是因為凡所有物，都是借用的，也就是打從出生開始，因某種因緣而借來的。

或許你會問：「究竟是跟誰借來的？」

我認為是「跟上天借來的」。

我們每個人都只是生存在這個世上的一個「小道具」，都是上天借給我們的。既然是借來的，總有一天可能因著某種因素被取走，所以就沒什麼可抱怨的。

或許也有人會說：「不對！這些都是我流血流汗掙來的！」

其實不論是身體、頭腦或者才能，都是跟上天借來的，而且是附帶有使用期限的租借品。

人一出生就「本來無一物」，不論身體或心，都是跟上天租借的，總有一天必須歸還，若能將這件事謹記在心，就不會執著於任何事物。總之，我們生在這個世上，一切都是跟上天借來的，都只有暫時的使用權，並沒有永久的所有權，

有借有還再借不難⋯

歸還
VIDEO
向上天（商店）借東西沒有準時還的話，要繳滯納金⋯

小開悟 總有一天要把身體歸還給上天

罣礙 27

很擔心自己不懂得人情世故

即使是短暫的「攪局」，只要認為是正確的路徑，就應該獨行如犀角，勇往直前

佛說「獨行如犀角」，這是我很喜歡的一句話，意思是獨自走在自己所相信的道路上，在我的人生路上這是最能激勵我的一句話。

佛陀原本專心修苦行，經過一段時日後發現「修苦行無法開悟」，於是佛陀沐浴、喝羊奶之後，在菩提樹下開始靜坐。

陪同佛陀一起修苦行的人紛紛指責佛陀，認為佛陀吃不了苦才改變心念，套句現代人常說的，就是「白目」或「不懂人情世故」。但是佛陀卻不因為這些異樣的看法而有所改變，佛陀仍然是「獨行如犀角」，一心一意勇往直前走在自己所相信的路途，也因此而開悟。

大公司的採購回扣、公家機關的賄賂，許多人都認為這些都是不對的行為。但是大多數的人卻對此類事情保持沉默，所持的理由是「凡事以和為貴」，結果卻是「睜一隻眼閉一隻眼」，凡事都先考量自身安全，把自己人生的寶貴時間全浪費在這些污濁環境當中。

到了生死存亡的關頭才後悔不已的說：「我很想做這個」或是「我很想做那個」，其實一點也無濟於事，已經悔之晚矣。

不過，並不是遇到每件事情都要提起勇氣去告發。

我想說的是，人生苦短，我們每個人總有一天都要面對死亡，所以，難道你不認為在我們有生之年，有時也該有「獨行如犀角」的精神嗎？

不論在工作上或生活上，唯有勇敢走在自己認同的正確道路上，才有機會開拓出康莊大道。不過，這可不是「我行我素」，世人往往對此產生誤解，其實「我行我素」和「走自己的路」完全不同。

請你務必學會掌握即時的氣氛來採取行動，才不會損害到你的價值。

倘若你深信你走的道路是正確的，也就是符合天公地道的話，你根本不需要「我行我素」即可達成。

抱持錯誤信念的人，才會「我行我素」。因為他所秉持的信念是錯的，如果不利用權力或詐騙手法，就無法按照自己的想法去做事，因此才會耍花招欺騙別人。這就是「我行我素」

總之，在人生路途上，首先要找到正確的道路，接著就要堅信不移。也就是找到正確道路之後，就要「獨行如犀角」勇往向前。

能夠這樣的話，就可以從事自己喜歡的工作，完全朝自己的生活目標前進，當然就不會造成任何人的負擔。

佛陀就這樣獨自一人靜坐，有沒有造成別人的負擔呢？答案當然是沒有。

佛陀並沒有造成任何人的負擔與麻煩，就這樣開悟了。不僅沒有麻煩到任何人，佛陀甚至還把智慧傳授給數千萬人、數億人，甚至還拯救了許許多多的眾生。

佛陀不僅沒有我行我素，而是獨自縮小自我，結果是拯救了無數眾生。這就是我想說的重點，重點就在於你是否找到正確之道。

只要努力修行，必然可以在很短的瞬間就找到真理，而且完全不會我行我素，不論任何事情都能以「真如本性」一以貫之。所以，請你絕對不要本末倒置，以免誤入歧途。

罣礙 28

對於年紀、美貌、
頭銜……等等一切
事物都很執著

執著於無常的人
將會百戰百敗

對多數人而言，之所以會「苦」，通常都是因為執著。每個人對許多事物執著，例如：財富、頭銜、年紀、名譽、容貌……等等，令人執著的東西實在列舉不完，倒不如舉例說出不讓人執著的東西可能比較快。

更可笑的是，明明對某些東西很執著，自己卻絲毫沒有察覺，反而認為這種執著是理所當然，為此受苦也是理所當然。如果有人認為「人生並不快樂」，其中半數都是陷入這種看法居多。

對某種東西執著的話，一旦這個令你執著的東西消失不見，就令你感到苦。

對金錢執著的人，一旦失去財富就感到苦；對頭銜執著的人，一旦失去頭銜就感到苦。執著的東西越多，就越覺得人生充滿苦。這段日子許多人找我諮商，讓我有了一個驚人的發現，那就是很多人害怕「老」，並且以此為苦。換句話說，一般人對於「年輕」很執著。

討厭臉上的皺紋增加，這就是對於年紀與容貌的執著，這是大多數女性的執著。因此處心積慮想要避免年輕的美貌繼續老去，這就是執著。

九十歲的時候，當然無法保有二十歲的美貌，所謂「諸行無常」，所有事物每一瞬間都在變異中。這種連七歲小孩都懂的事情，為什麼你卻偏偏不懂，這就稱為「執著」。任何東西在分分秒秒之間隨時都會變化，不論房子、頭銜、美貌、健康等等，無一例外。即使是你最寵愛的寵物，也可能隨時離你而去或死亡。

其實「執著」又分成幾個種類。有人只知道跟別人說：「放掉執著，這就是禪」，但是，他們卻不知道其實「執著」還分成好幾種。

執著究竟有哪些種類呢？大概可以分成兩種，其一是「執著於每一瞬間都在變化的事物」，另一個是「執著於永遠不變的事物」。前面已經談論過「執著於每一瞬間都在變化的事物」，所以，你可能比較不懂的是，何謂「執著於永遠不變的事物」，答案很簡單，就是「真理」。

早在兩千五百年前，佛陀就已經發現到並且確立了佛法的真理，即使在兩千五百年後的現在，甚至是兩千五百年後、一萬年後，佛法仍然是真理。

換句話說，真理是完全不會變的。

只要有人的存在，即使在數萬年後或在宇宙盡頭，真理仍然是真理。

因此，執著於真理並不會令人感到苦，也因此絕對不會有人說：「你不可以執著於真理」、「你不可以執著於禪修」。

只要執著於真理或禪修，即可讓自己離苦，這個唯一不變的真理，也是每個人唯一可以執著的。如果一直執著於每一瞬間都在變化的事物，絕對是百戰百敗的。

我可以體會你的想法。你很愛你的家人，很愛你的房子，也很愛你的寵物，你一定也希望自己永遠年輕。但是，我勸你還是早點接受這些人事物將會有所變化的事實，對你是比較好的；並且請你要開始執著於真理，因為這是離苦的唯一途徑。

美麗的唯一標準
透明膠帶
臉上絕對不可以出現皺紋！！
強力膠帶

小開悟　早一點接受「人生無常」的真理

罣礙 29

很想偷偷檢查
情人的手機

內心被不安綁架的話
就會跑錯目的地

我經常對第一次參加禪修的人演講，通常我會跟他們說：

「靜坐時，請你們務必摒除雜念。不過，你們是第一次靜坐，難免會出現雜念，所以，你們必須有個心理準備，當一個雜念緊接著又一個雜念時，一定要設法阻絕。」

靜坐三十分鐘後，這些第一次靜坐的人幾乎不約而同的說：

「想要阻絕一個接著一個的雜念實在太難了！」

沒錯！不安、忿怒、嫉妒等負面情緒會像滾雪球一樣不斷堆積，也因此，人們常常會跑錯目的地。就有如飛機被劫機後，聽從劫機犯的指示降落在錯誤的目的地。

也就是說，心一旦被「不安」綁架，就會被帶到不正確的方向。

我經常對初學禪修的人士說：

「例如我們出外旅行時，中途可能突然想到自己好像忘了鎖門，這就是第一個妄念，也代表你的心在這個當下已經遭到綁架。

緊接著又想到小偷潛入你家，而且很輕易就發現到你想盡辦法藏起來的金飾，更令人傻眼的是，小偷居然為了湮滅證據而一把火燒了房子。

想到這裡，你怎麼還有心情旅行呢？其實你可能確確實實把屋子上鎖了，卻在你的妄

念之間，你們家已被燒得精光。（眾人發出笑聲）

不過，這可不是笑話。像這種堆雪球式的『負面想像鎖鏈』，在我們的日常生活中經常可見。所謂禪修，就是要學會如何在內心斬斷這種鎖鏈。」

再者，如果你經常出現「想要檢查男朋友或女朋友的手機」的衝動的話，這也是一種負面的鎖鏈，代表你的心也被綁架了，讓你找不到原來的目的地。

你的情人或許只是跟他的朋友純聊天而已，你卻自以為是的認為「他一定在跟某位異性聊天」。

接著，你就開始懷疑你的情人，總覺得這裡好像怪怪的，那裡也好像不對勁，所有的猜疑宛如堆雪人一般不斷堆積起來。

這些負面聯想不斷累積之後，最後只有一個辦法可以解開，那就是偷看情人的手機。

其實你的情人很可能只是和朋友純聊天，卻因為你的負面聯想不斷膨脹，最後只好做出偷看手機的愚蠢手段。

然而，在你被不安綁架之前，這種手段絕非你的最終目的吧？你一定是很喜歡你的情人，和他在一起一定很幸福快樂吧？也因此你才會和他交往，對不對呢？你會這麼做代表你的內心已經被不安綁架了。

如果還要說得更徹底一點，愛情的真正目的並不是要完全擁有對方，也不是要綑綁對方，更不是要監視對方，而是要「愛」對方。

「不管你發生任何事情，我將隨時隨地守護你，永遠愛你！」

這才是愛情的真正原貌。想要達到這種境地需要相當的修行，因此，第一堂課就是要學會「打斷負面聯想」的技術，這是一種心理層面的技術。完全置之不理的話，我們的心將容易受到綁架，因此，「打斷負面聯想」的技術才是控制我們的心的最佳技術。

罣礙 30

唉！沒有人了解我！

別人不了解你就生氣的話，是因為你過度依賴對方了

很多人熱切盼望別人能夠了解他。

更希望情人或同伴能夠百分之一百的了解他。

但是，想要得到別人百分之百了解，這是百分之百絕對不可能的。

你不妨靜下心來仔細地想一想，你是否百分之百了解你自己呢？答案是不可能，對吧！

我經常利用禪坐的機會針對自己的內心深處做一番審視，即使到現在，我依然經常發現到原來還有一個不一樣的自己。

自己都無法百分之百了解自己，別人又怎麼可能完全了解你呢？

「我希望唯有你百分之百了解我！」

這種話聽起來似乎很感人，卻是自己一廂情願的看法。

希望別人比你自己更了解你，這簡直是緣木求魚。不過，像這種我執很強的人在我們身邊經常可見。

通常在見到這種人的一瞬間，就可以感受到對方是我執很強的人，然而他們卻完全不知道自己是這種人。

這種人也深受其害，因為他們往往在沒有開悟的情況下就結束一生。他們完全沒有察覺到是自己我執太強，卻終其一生認為「沒有人了解我」，這簡直是可笑至極到令人噴飯的程度。

多數人都知道「沒有人可以百分之百了解我」，然而，他們卻有著錯誤的看法：

「別人起碼可以了解我八成吧？」

「最少也應該了解我六成五吧？」

持有這種想法的人，念頭本身就是錯誤。只要去除掉「希望別人了解我」的念頭，結果會怎樣呢？

如此一來，就不會再期待情人或同伴「完完全全了解我」。

或許有人會說：「這麼一來，不是很寂寞嗎？」

不會的！別人不了解你就生氣的話，是因為你過度依賴對方了

這種愛情不是真正的愛，是心理上的依賴。

前面我一再談到，真正的愛情是「愛對方」。

只要真心愛對方，「希望對方了解我」的這個念頭自然而然就會消失。

接下來反而要擔心的是，自己愛對方的心是否足夠。

對方當然無從了解你！

小開悟〈不應該有「希望對方了解我」的念頭

罣礙 31

很在意自己的排名

承認自己的愚蠢

「智者承認自己的愚蠢，愚者才會認為自己比別人優秀。」

這句話是佛陀說的。

懂得這句話的人就一定懂，而且這句話說得非常正確，沒有可以反駁之處，亦即所謂的「真理」。

在這個人世間，不管在哪個領域，人們似乎很喜歡在人與人之間排名次。

從出生的家世背景、幼兒教育、考試分數、考試級分、就業考試、工作競爭、頭銜、年收入、財產……

甚至本來就屬於自己興趣的高爾夫球或收藏物品，後來卻因為不想落於人後而改變了心意。

一切都脫離不了「競爭理論」。

也因此而產生嫉妒、怨恨、羨慕、優越感。

活在競爭原理中，就會產生兩種極端的態度，一種是羨慕，另一種是鄙視。

以前有位政治人物曾經說過一句名言：「人，只有兩種，一種是家人，一種是家臣」，

我覺得這句話一點也不好笑。

在我三十幾歲的時候，我深信自己比別人還要優秀。我擁有高級名車、房子、經常到國外旅遊，我非常相信這都是因為我的優秀能力所獲得的獎賞。不，與其說我相信，應該說我沉浸在那種優越感當中，認為這是非常自然的，絲毫不需要進一步確認。

我簡直是一個大笨瓜、可恥的蠢蛋。不對，不對！現在回想起來，我都會不經意的笑出來，因為當時的我簡直是漫畫世界中才會出現的大笨蛋。

原本相當意氣風發的我，卻在四十三歲的時候丟掉工作，跌到人生谷底。我失去一切，惶惶不知如何過日的時候，才第一次體會到，原來人生還有悲傷、悔恨、痛苦。

在這個時候，我也開始了解到人情冷暖。一向待人相當傲慢的我，那時候也才知道原來還有人對我有情有義。

後來因為某種機緣，我開始禪修，開始學習正確的生活方式。明知過去的傲慢是不對的，然而偶爾還是會顯露在臉上，這一點讓我吃足苦頭。

也常因此受到禪師的責罵。這個經過四十年塑造出來的「傲慢」簡直像鋼鐵一般堅不可摧，可以說是一塊「傲慢的大鐵板」。

但是，經過一段持續禪修之後，我終於可以在內心了解到自己的愚昧。這絕非「知識」，而是透過禪修才讓我真正體會到的。

當我了解到自己是個蠢蛋時，我第一次感覺到整個內心滿滿的充實感；這種充實感是我過去意氣風發時都沒有過的感覺。

我感覺到雙肩完全放鬆，有著如釋重負的感受。

當我打從內心承認自己是蠢蛋的時候，我再也不理會別人或人世間的基準，再也沒有競爭，即使受到毀謗我也不會放在心上，也不再怒氣沖沖。

我全心全意禪修，自己能力可及的事情一定全力以赴，而且也全心全意於幫助別人。這樣的人生才是快樂的、穩定的。總之，如果你能深思我開頭所寫的「智者承認自己的愚蠢，愚者才會認為自己比別人優秀」，相信你一定很受用。

罣礙 32

我討厭現在的環境

唯一僅存的，「就只剩下笑臉」

有一位女生來找我諮商，其中的過程我就省略不談，總結來說，這位女性堪稱集各種家庭不幸因素於一身，身世極為坎坷，以致她患有嚴重心病，身體也出現各種問題。

儘管如此，她仍然一心希望擁有健康身體，於是她毅然決然離開家裡獨自住在外面。過去幾年她每天都活得很艱辛，據說當時支撐她的只有一個習慣動作。

這個習慣就是，她每天會閉上眼睛對自己說：

「到昨天為止，我的眼睛看不到，手腳也無法動彈！」

她每天都會很認真的做這種想像。接著，當她睜開眼睛的瞬間，她就會出現非常真真實實的感覺：

「哇啊～～我看得到了，手腳都會動了！」

她每天都會把這個儀式做過一遍，好像也藉由這個儀式支撐自己活下去。當她想搬離家裡時，有人對她說：

「搬出去住的話，妳就必須自己打掃、洗衣服了！」

當時她的回答是：

「可以自己打掃或洗衣服，也是很幸福的呀！」

聽完她的敘述令我非常感動。平常我們不經心就可以做到的事情，看在做不到的人的眼裡卻是令他們最感幸福的事。她的一番話令我察覺到我是一個擁有很多幸福的天之驕子，因此我很感謝她。雖然我是站在幫她諮商的立場，卻從她身上學到很多，是她讓我察覺到：即使在一般的生活當中，舉手投足之間都是一種幸福。

接下來我要介紹的是一對母子的故事。媽媽生病了，孩子的狀況也不好，所以必須仰賴社會福利機構的支援。

他們母子不論在經濟上或身體健康上都很苦，但是，卻經常看到他們面帶笑容。有一次，我實在按捺不住的問說：

「你們處在如此艱苦的狀況下，為什麼每天還可以快樂的面帶微笑？」

「到了這種地步，笑容是我們唯一僅存的。」

聽到這句話的瞬間，我覺得自己似乎有點開悟了，在此同時，我不禁笑了出來，因為這句話令我深受感動，也因為這是一句不容反駁的強大真理。

換句話說，這句話已經到達「空」的境地。

同樣處在人生困境中，有的人選擇笑，有的人選擇輕生。這對母子卻在困頓人生中保持笑容。

當這對母子跟我說：「笑容是我們唯一僅存的」，我自己也不禁笑了出來，之後我也深刻感受到那種幸福的氛圍了。

同時也感覺到一股勇氣不斷湧上來。

我甚至還想到：「他們已經接近『本來無一物』的境界了！」

就如同聽到某些禪學公案後打從心底露出會心微笑一般，這對母子的故事讓我也體會到這種感覺。

雖然我還沒有到達「無一物」的境地，然而他們母子幾近開悟的這句話，似乎也讓我實際體驗到這種境界。

※附註：要靠著自己的意識發出微笑

小開悟　即使同樣遭遇不幸，有人笑也有人哭

罣礙
33

常常為了小事
而內心受創

「心」並非真實存在的

達摩是從印度把禪宗帶到中國的佈道者，慧可則是達摩來到中國的第一位弟子。

據說達摩一開始並不收慧可為弟子，慧可斷臂表示堅決求法之意，達摩終於肯收他為弟子。

有一天，慧可問達摩：

「弟子勤於修行，為什麼總是感覺到心不安。」

達摩告訴慧可說：

「是這樣嗎？現在把你的心拿來，我幫你安心。」

慧可到處找尋自己的心，卻無法明確說出自己的心在哪裡，只好老實告訴師父：

「我找不到我的心。」

達摩回答說：

「我已經把你的心安好了。」

這是一個很難懂的禪宗公案，卻是告訴我們，當你要說「心累了」、「心痛」、「心情好」的時候，就必須先仔細考慮你的「心」究竟在哪裡？

如果有人跟我說：「你的心在哪裡，把你的心拿來！」

我應該也和慧可一樣，無法明確說出自己的心「就在這裡！」

但是，有人據此認為「心是不存在的」，其實我可以斷言「心是確確實實存在的」，達摩祖師從來也沒說過「心不存在」。

「心」絕對是存在的，但是卻無法很明確的指出「心」的所在，這才是「心」最不可思議之處。

或許可以把「心」譬喻成天空。

當我們仰望萬里無雲的晴空時，是一整片沒有半朵雲彩的藍天，當下我們一定確信我們頭頂確實有「天空」存在。

但是，實際情況又是如何呢？「天空」其實是連接著整個宇宙空間，有地上，有大氣，有空氣，有宇宙空間，所有的一切都相連在一起。我們無法跟別人說「天空就是從這裡到那裡」。

我們只是很隨興的仰望天空，而且隨口說：「哇啊~好漂亮的天空呀！」

此時，如果聽到有人說：「你的頭上並沒有天空啊！」你的回答一定是：「你錯了，天空就在我的頭上！」

那個人又說：「是嗎？那你把天空拿過來！」

想必你是做不到的。這不就和「心」的故事有點類似嗎？

明明是確實存在的，卻又不存在。

現代的腦部科學非常發達，許多人對於「心」提出各種不同的假設，但是，如果只是把「心」解說成一種腦部器官的功能，這樣恐怕又太膚淺了。

達摩祖師所要傳達的是「不要執著於無法掌控的『心』，因為我們一直在不具有實體的東西上面打轉。」

「心」是無法用言語去解釋的。唯有持續靜坐禪修，總有一天才會領悟到「原來這就是『心』」，其中的奧妙是無法用言語來形容，如果可以很輕鬆的形容出來，恐怕就沒有人需要禪修了。總之，在你認為「自己的心容易受傷」之前，請你先慎重的捫心自問：

「我的心究竟在哪裡？」

罣礙
34

我很討厭某個人

那個人死了，你也死了，
人際關係的煩惱
就此煙消雲散了

人世間是由自己和別人才能夠成立的。只要活在世上，就一定會碰上形形色色的人，你可能喜歡某些人，也可能討厭某些人。

但是，當你離開人世或對方死了之後，這種關係就不存在了。幾乎每個人都了解這項事實，但是，卻從不把這個當一回事。

於是，一旦討厭某個人，就不斷把人生寶貴的能量浪費在這件事情上。現在，你不妨再回顧一下前面所談到的「繩文人」吧！他們大概由二十多人組成一個生活團體，在這些親戚關係中，偶爾還是會出現彼此合不來的人際關係。

但是，他們所存在的人際關係的煩惱現在究竟在哪裡呢？不是早已經灰飛煙滅了嗎？

繩文人留下來的大概也只剩下「貝塚」了吧！

繩文人究竟給我們有什麼啟示呢？假如他們留給我們的印象只停留在「討厭某個人的忿恨心情中離開人世的話」，你一定會認為繩文人很可憐。

因為繩文人把僅有的一次人生浪費在這種小事上面，所以才會令你同情繩文人。但是，這種情況卻發生在一萬年後的你的身上。

「我不喜歡那個傢伙，我討厭那個人」，假如你的生活中都是充滿怨懟的心情，看在一萬年後的人的眼中，一定也會認為你的人生很可憐。

反正你跟對方都會死，與其老死不相往來不如彼此保持良好感情，反而比較好。然而一般人卻很難做到，往往忘了這個嚴肅的事實，動不動又和別人結仇。

不妨就從你本身開始做起吧！你要先認清這個事實，並且率先跳脫出來。假設對方討厭你、嫉妒你、不喜歡你、對你很生氣，其實這是對方為你準備了一張餐桌，上面擺滿西式套餐。不過，就算對方處心積慮的把你叫到餐桌邊，你只要站在桌邊完全不動刀叉的話，彼此就相安無事了。

如此一來，對方又能怎麼樣呢？

他只能自己解決掉那桌菜餚，甚至可能必須吃掉自己下毒的西式套餐。換句話說，就算別人心懷惡意，只要不加理會，一定可以扳倒對方的惡意。做得到或做不到，對你的人生都會造成重大影響。

因此，最好的解決策略就是有一個人要先釋出善意提出停戰的請求。

「反正我和你總有一天都會死，不如我們現在就好好相處吧！」

有的人聽到這句話之後，可能就會了解到：「臨死之前還要討厭這個人，這樣也未免太無聊了吧！」

但是，也有人可能不受影響，繼續與你為敵，這種人不理也罷。反正先決條件是你要懂得率先表示善意，這樣就夠了。

「都是對方不好，是他先動歪腦筋的，他是一個令人討厭的人」，假如你還是抱持這種想法的話，那麼你就會一直陷在「人際關係的煩惱」中。

為了不讓自己陷入死胡同，你一定要告訴自己：「總有一天我會死」，對方當然也有死亡的一天，不過，如果能夠先想像自己總有一天會死，就沒有多餘的心力去在意對方了。

殭屍的煩惱是永遠的
我最討厭你了…
頑固的傢伙

小開悟：總有一天你和對方都死了，煩惱就灰飛煙滅了

罣礙
35

每次換新環境就擔心
自己是否能夠適應

凡事都會有所變化，「變化」才是人生的奧妙

每個人似乎都喜歡待在熟悉的環境，大概是因為我們的腦部組織就是這樣的構造。小孩子每次更換新的托兒所，剛開始一定大哭大鬧；一般人也一樣，對於已知的味道比較放心，對於未曾嚐過的味道就有點警戒心。

每次更換新的工作單位，就害怕自己是否能夠適應，甚至一想起來就心情憂鬱。之所以如此，完全是因為對於職場更換或周圍人事更迭產生恐懼與緊張感。其實這也是一般人的本性。

再加上日本人長久以來一直是以農立國，過著農耕生活，既然過著「農耕生活」，一旦稍有變化就會感到困惑。

一年有春夏秋冬，有下雨，有晴天，倘若農作物無法順利收割，就會造成饑荒。一般人都希望今天能像昨天一樣順利，明天也像今天一樣順利，今年能夠像去年一樣豐收，這就是農家最大也最實際的心願。

但是，森羅萬象必有變化，「今年能夠像去年一樣豐收」的心願總有一天無法如願。此乃真理，亦即「萬事萬物必有變化」的真理。

真理是永遠不變的，因此，唯有完全接納真理，否則再也沒有其他離苦之道。

我們當然可以理解農人的期望，他們擔心變化，最大的心願是年年風調雨順。然而世事豈能盡如人意，宇宙運行並非完全配合人世間的一切。

因此，農夫可能遇到歉收，可愛的小孩不久也會正常的長大成人或是步入歧途，上班族也可能遭到調職。

與其把這些事情視為別人惡作劇，不如把它當作真理的一環，亦即所謂的「森羅萬象必有變化」的真理。

「變化」也不全然都是不好的，只要勇敢去面對，「變化」本身有時候反而隱藏著人生的奧妙，亦即俗話說的「福禍相倚」、「因禍得福」。

接著就讓我來說一段我自己的故事，那是我在失去社長一職的故事。

當我得知美國總公司接受另一家公司惡意併購時，自以為自己的歷練已經足夠，於是開始著手想要開創屬於我自己的公司。

沒想到東窗事發而遭到公司解雇。這件事對當時的我來說簡直是晴天霹靂，也讓我的人生陷入最低潮，然而就另一方面而言卻是很幸運的事。

因為我這個生性高傲老是瞧不起人的大男人，居然因為這樣才有機會遇上禪。當時我被解雇，自以為已經跌落谷底，窮到簡直要被鬼抓走的時候，卻有機會遇到禪。

也因為我有這段經驗，才能夠造就今天的我。現在的我每天都過得幸福美滿，而且每天都可以幫助被生活所困的人們。

換句話說，我一生中最美好的時光，並不是薪水比別人高的社長時代，反而是我被解雇無法再當社長的落魄階段。

那時候的我遭遇到人生最大的變化，但是現在我卻非常感謝這個變化。

總之，在一念之間，原本我認為是衰到極點的事情，經過數年之後，反而變成我的人生當中最美好的一件事。因此，每個人都不需要在身心上面擔憂人生的變化，縱使遇到變化也應該更積極的投入其中。

罣礙 36

我擔心一輩子是否
就這樣不停反覆而已

以開放的心
讓人生的每分每秒都活躍起來

「讓這無趣的世界變得有趣吧！一切全在於心」

這是高杉晉作的辭世名言。

此名言的意思是「這個人世是否有趣，全在於自己是否懂得樂在其中」，也就是要懂得訓練自己的心。

只要用心觀察每一位禪師，就會發現這些禪師讓自己人生的每一分每一秒都活躍起來，他們完全從「心」去體會人世的一切。不可否認的，想在短時間內即達到此種修為似乎有點勉強，不過，禪修就是以此為終極目標。

從「心」去體會人生必須具備一個基礎，那就是要打從內心去感謝我們所存活的這個世界。

人生的長度大約有個限度，過去約五十年，現在大約是八十年，有人長有人短，這是取其平均數字。既然人的壽命有限，我們就應該盡量設法逃離苦，增加快樂的時間，即使只比別人多快樂一秒也稱得上是勝利、是幸福的。

我們更應該謹記在心的是，不是只有在快樂的環境或條件完全齊全之下才快樂，人生舞台並非只為了這種時刻才搭設的。

也就是說，不論處在哪一種環境（就算是把你丟在無人島），都要懂得享受人生，這就是每位禪師的心境。

每天過著重複的日子是快樂的，每天過著重複的日子是令人高興的，每天過著重複的日子也是令人雀躍的。然而，人生並非如此單純，人生還是有許多無趣無聊的事情。

佛陀早就指示過「人生是苦」，除了「生老病死」四苦之外，再加上愛別離苦、怨憎會苦、求不得苦、五蘊盛苦，總共加起來人生有四苦八苦。換言之，如過置之不理的話，人生是連續不斷的苦連接而成，也難怪有人認為人生實在太無趣了。

幸好佛陀也教給我們一個方法來改變這個充滿苦的人生，這個方法就是禪修。不過，如果你希望自己能夠修到和禪師一樣的程度，恐怕必須經過嚴厲的修行，並非一蹴可幾的。

不過，你至少可以做到一點，那就是隨時訓練自己把日常生活變得有趣，也就是訓練自己的「心」隨時保持在積極狀態。不妨先設立一個小小目標，例如從打掃廁所開始，也可以從做生意或泡茶的時候開始。

「我把廁所打掃得比昨天還要乾淨」、「我對客人的態度比昨天還要好」、「我泡的茶比昨天還要好喝」，設法快樂去面對日常生活上的小事情，不斷累積之後即可讓人生更幸福。總而言之，請你一定要用「心」去體會。

絕對不採「責任制」，凡事一旦採取「責任制度」就會變得無趣。

「責任制度」或「處罰制度」都不屬於快樂的根源，應該是以玩遊戲的感覺來享受人生的每一分每一秒。

倘若你能體會到開悟的禪師就是以玩遊戲的感覺在享受人生，那麼你會有什麼感覺呢？你的心是不是也蠢蠢欲動起來了呢？

遊戲的感覺是否太孩子氣了…？

小開悟 比別人多快樂一秒也算是獲勝

罣礙
37

凡事沒有照預定計劃進行，就感覺不安

「捨棄」某些東西，把內心的空虛填滿

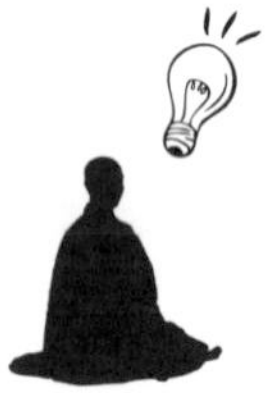

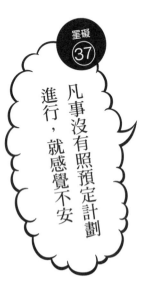

有一次，一位媽媽帶著孩子來找我，她把她的行事曆給我看過之後，我簡直驚訝到說不出話來。

這本行事曆當中，填滿了幾點送孩子上各種不同補習班的記載。當時我的念頭是：「如果是我的話，我一定會瘋掉！」

話說很多上班族一到五點下班就會自動呼朋引伴，和同事一起到小酒館用餐，一邊喝酒一邊互相吐苦水。除了上上小酒館，有些人還會一起打柏青哥或是打高爾夫球，有的則是下班後的全部時間用來陪伴家人，當然在工作上也絕對是盡心盡力的。

一般人的生活都是由各種瑣碎事情連結而成，有人是隨心所欲，有人是受人誘惑，也有人是任何事情都想嘗試，然而這些其實都是一條沒有盡頭的道路。

其實這並不是真正的人生。如果有人問你：「對現在的你而言，你的人生當中最重要的是什麼？」你應該要很明確的說出「我只想要做這個、這個和那個」。

以我而言，我每天的行程是早上靜坐，白天和晚上工作，回家之後吃晚餐，寫寫部落格之後就上床睡覺。這是我每天的生活狀況。

當我把生活如此簡化之後，我的每一天都過得有如天堂。

或許看在別人眼中我的生活枯燥到一成不變，但是，這卻是我尋尋覓覓之後所決定的生活型態，也讓我樂此不疲，也就是一般所謂的「簡單生活」。

總之，我的日子是充實的，我的心絲毫也不覺得空虛。在日復一日不斷重複的日子裡，我的心是雀躍的，這就是禪的日常生活。

例如有些人喜愛收集名牌物品，其實這種人的內心是空虛的，為了填滿內心的空虛才會不斷收集名牌物品。

心是無限的，物質是有限的。

有限的物質無法填補無限的心，最後形成一種永無止盡的追求名牌而已。

NHK的歷史大劇「坂上之雲」有一句台詞令我記憶深刻，這句話是主角人物秋山兄弟的其中一位所說的。

「身為男子漢大丈夫，一輩子只要完成一件事情就足夠了！」

哥哥秋山好古創立了日本騎兵隊，弟弟秋山真之曾在日本海戰役中（日俄戰爭）獲得勝利，他們的人生都稱得上豐富，也正因為他們早已確立志向，才能夠創立名留千古的大志業。

不過，難道沒有拋棄包袱、沒有確立志向或是無法過簡樸生活的人，就無法成就大志業嗎？其實不管從禪的觀點或從歷史上，似乎都沒有這樣的說法。

即使行事曆上寫得滿滿的，也絕對無法填補內心空虛；即使和同事一起花天酒地，也無法填補空虛；就算大肆購買名牌也無法滿足空虛。

不論得到任何東西，都無法把空虛填滿。

唯有「捨得」、「放下」，才可以把空虛填滿。

有機會的話，你不妨參觀一下禪修道場，道場通常把需要用到的物品縮小到最少的極限，例如「一湯一菜」、「起身半疊、躺下一疊」，因為人生本來就是來也空空、去也空空。

各位應該可以深刻感受到，這就是所謂的「簡單生活」。

請你務必慎重看待這種感覺，並且也認識到這一點對你的人生非常重要，也從此時此刻開始進行「斷捨離」的作業。

如此一來，才能擁有快樂，也能夠擁有輕鬆愜意的人生。

罣礙 38

沒有漂亮衣服、高級名車，就令自己心生不安

虛榮心都是假象

虛榮心是最容易讓人自取滅亡的一個因素。

喜歡穿金戴玉誇示他人，喜歡開好車展現實力，許多人都喜歡利用各種方式來展現自己榮耀的經歷。

這就是俗話說的「虛張聲勢」，也就是誇大自己的聲威氣勢來令人懾服，這都是源自於虛榮心。

尤其是經常參加上流社會聚會的話，更會助長此種心態，其實這種人過得非常辛苦。以虛榮心所構築的生活，其實全都是假象，身上穿的衣服、吃的食物、談話的內容，全部都是虛偽的。

如果你一直過著這種生活，有一天卻無法再繼續虛榮偽裝下去的話，那些聚集在你身邊的人就會立刻一哄而散。

就算不是這樣，讓別人看到你的真實生活一定也令你很不舒服吧？你應該很擔心自己露出真面目之後，朋友將會棄你而去吧？不用懷疑，朋友一定會馬上掉頭離開。

因為這些朋友都是被你的虛榮心所欺騙才聚集而來，他們當然對你的真面目不感興趣。也正因為你擔心這些朋友可能會棄你而去，你就會更加偽裝自己、更加虛張聲勢。

於是就在虛榮心與偽裝之下過日子，為了讓自己看起來更亮眼、更有實力，生活上就要耗費更大的心力，過著虛偽的人生。

不過，聰明人通常一眼就可以看出你是一個怎樣的人。

這種人即使已經看穿你是一個怎樣的人，他們只會認為你很可悲，他們不想跟一個虛榮心強大的人太接近，通常也不會向你提出忠告，偶爾只會敷衍你一下就默默離去。

於是，你的身邊只剩下虛偽的朋友或是被你的虛榮心所欺騙的人。為了不破壞這些人對你的幻想，你必須時時刻刻絞盡腦汁繃緊神經。一旦發生意想不到的事情，你根本沒有人可以商量，因為你身邊沒有一個可以讓你露出真面目且開誠佈公討論的朋友。為了繼續扮演「虛假的自己」，有的人甚至需要借貸或是使出詐騙手段。總之，如果你無法擺脫虛榮心，總有一天你將會走入滅亡之道。

現在，你是否已經了解到「虛榮心會造成滅亡」的道理了呢？假設你現在就住在無人島，島上沒有任何人，當然就不需要用到虛榮心。換言之，人只有生活在無人島，才可以顯露出自己最真實的面貌。

不過，你不妨慢慢嘗試用最真實的面貌過生活。

假如你過去一直用虛榮心包裝的話，那些圍繞在你身邊的人很可能會因此而離你而去。然而對你而言，這些圍繞在虛假的你的身邊的人根本就毫無意義，要走就趁早走吧！

如此一來，你的人生才會越來越舒坦，你才能走在人生的康莊大道上。總之，就從這裡踏出第一步吧！

小開悟 在無人島上根本不需要虛榮心

罣礙 39

經常自以為了不起

沒有實力又不聰明的人
才會自以為了不起

假如有人問你：「你喜不喜歡自以為了不起的人？」相信幾近百分之百的答案都是「不喜歡」。然而世上卻還是有許多人很愛自以為了不起。

自以為了不起的人最惹人厭。對別人說明一件事情時，本來就不需要誇大或虛張聲勢，但是，有些人就喜歡利用頭銜來誇大自己的身份。

這種人的潛意識中根本就知道自己是軟弱又沒有實力的人，明明沒有實力，我執卻比別人強上一倍，所以才需要虛張聲勢。

但是萬一發生意外，這種人就會逃避責任或是把全部責任推到別人身上，沒有一點擔當。在新聞報導上許多發生醜聞的企業負責人或政府官員，通常都會露出這種嘴臉，這種人平常對待屬下一定就是這種驕矜的態度。

這種人的我執極強，又只顧自己的立場，因此他的想像力絕對非常貧乏，部屬只能對他唯命是從，絕對不允許部屬說出想法。

我以前就是這種自以為了不起的人。我個人其實沒什麼實力，完全是公司賦予我權力，我卻自以為那就是我的實力，再加上我執太強，所以對屬下總是虛張聲勢、頤指氣使。

但是，等到自己失去一切之後，我才察覺到自己的愚蠢。從那一瞬間起，我才真正對自己感到害怕，我開始了解到自己簡直是愚蠢到極點，甚至覺得自己簡直該死，因為俗話說「愚者無藥可救，唯有死路一條」。

但是，就在我尋死尋活之際，很幸運的認識到「禪」，我才開始以禪修來代替尋死之心，然後把「自我」縮小再縮小，終於讓我了解到一個道理：

「只要內心有實力，根本就不用虛張聲勢」。

而且越有實力的人就應該越謙虛，不需要把自己偽裝成很厲害，當然就不用對別人虛張聲勢。對待別人不會頤指氣使或虛張聲勢的話，當然就會受人愛戴，連帶的也會讓自己對別人產生感激之心。

過去曾受到我頤指氣使的人，看到現在的我，我的感恩態度可能會讓他們受不了！

我要說的是，我並不是為了讓別人喜歡我才表現得和藹可親，而是因為我認為根本不需要擺架子虛張聲勢，所以我才會這麼做。這一切的一切都是因為禪修所賜。

我要再重申一次的是，「缺乏想像力又不聰明的人才會自以為了不起」，這種自以為是的人一到緊要關頭，根本就形同廢物一般毫無用處。

上司是這種人的話，只會造成部屬的困擾，所以，請你好好想一想，你是不是這樣的人呢？

在泡沫經濟時代，許多中小企業的老板光憑著運氣好就賺進大把鈔票，甚至走起路來大搖大擺自以為了不起。但是，這種人一旦跌落谷底之後，他們就會知道自己根本毫無實力。

謙虛是最佳的致勝武器。

中國有一個故事，有一位將軍（岳飛）親自用嘴巴吸出士兵傷口上的膿汁，士兵的母親聽聞此事之後，不禁歎息道：「我的兒子以後必會為將軍犧牲性命了！」

這位將軍這麼做，或許是為了博取士兵忠誠的一種技倆。

不過，如果他的這種行為是出自真心，再也沒有比這個更令人動容的。這是上位者應該做的職責，亦即有實力又兼具謙虛，才會真正受人尊敬。

因此，如果你的地位高於一般人的話，請你務必將這句話謹記在心。

罣礙 40

不喜歡別人成功

看見別人幸福
自己也深感快樂

許多人不喜歡看到別人幸福美滿，一看到別人幸福愉快就心生嫉妒。這也應了俗話所說的「樹大招風」。

像我以前那種意氣風發不可一世的樣子，難怪會惹來是非。

看到別人買樂透中了三億，一般人都會很羨慕。

不僅羨慕，有時還可能嫉妒。或許你並不了解個中理由，反正不是自己中獎就感覺心情不好。

而且如果中獎者的家庭發生一些不幸的話，你可能就會幸災樂禍的說：「看吧！這就是樹大招風的結果啊！」

抱有這種心態的人其實很多。再者，當我們過年期間到廟裡拜拜，捐獻香油錢的時候，通常會祈求神明說：「請保佑我們全家大小平安順利，也請神明保佑我幸福快樂（暫且先不管別人）」。

或許你認為這種祈願文是理所當然的，然而，如果你抱持的是這種心態，你就理所當然的很難獲得幸福。

現代人從小就被灌輸競爭原理，父母殷殷期盼自己的子女比別人優秀，社會的期待也是如此，長大後更被期許有「上進心」、「懂得自我啟發」，生活在事事與他人一爭長短的氛圍下。

結果當然造就出扭曲的心性，別人有的自己一定要有，自己受損的話別人也一定要有損失。

或許你會反駁說：「我沒有嚴重到這種程度！」

反正只要你無法誠心誠意祝福別人，那就是五十步笑百步了。我們必須把自己的心境提高到「我喜歡看到別人幸福快樂的樣子」。

佛法說「拔苦與樂」。

意思是「拔除別人的苦，帶給別人快樂」，也就是說，我們絕對不可以有一丁點想要自利的念頭。

只要以此做為生活上的立基點，自己最終一定會得到幸福。只要盡其所能的帶給別人幸福快樂，設法幫助他人脫離痛苦的話，一定可以每天活得非常幸福快樂。一旦得到別人的感謝，幸福感將會倍增。

就算沒有得到別人的感謝也不必掛在心上，因為做好事本來就不是為了得到別人的回報。

總而言之，如果只祈求自己幸福的話，你是絕對不會幸福的。

最有效的方法就是祈求別人幸福，令自己成為一個「看到別人幸福就很快樂的人」。

我相信大家一定都知道，金錢絕對無法買到真正的幸福。

真正想要的全都是金錢買不到的。

用錢買得到的東西絕不是真正想要的。這就是真理，真理是永遠不變的。

求神保佑A和B都幸福快樂，可是，前不久B說我的壞話，所以，我希望A……
先確定自己的心意之後再許願

小開悟 只祈求自己幸福的話，是絕對不會幸福的。

罣礙 41

我好像缺乏慈悲心……

所謂「慈悲心」，就是自己是0，別人是100

德蕾莎修女在貧民窟舉行濟貧活動時，有位志工對德蕾莎修女說：

「有一個印度教家庭，父親過世了，母親獨自撫養八個孩子，這三天他們全家沒有吃任何東西，也沒有錢買食物。」

德蕾莎修女聽完馬上裝了滿滿的一鍋米來到印度教徒的家裡，那位窮苦的母親以及已經非常饑餓的孩子立刻圍到德蕾莎修女身邊。

德蕾莎修女把那鍋米交到窮苦母親的手上，那位母親流下感謝的眼淚接過德蕾莎修女手中的米。

那位母親隨即把半鍋米倒到別的鍋中，就急著出門。德蕾莎修女感到不解的問道：

「妳拿著半鍋米要去哪裡？」

「隔壁的伊斯蘭教徒有六個孩子，他們已經四天沒吃東西了，我要送一半的米給他們。」

這位貧苦的母親滿心歡喜的抱著半鍋米走進隔壁鄰居的家中。

這是真實的故事。我剛開始學禪時，聽到這個故事感動到淚流不止。這位母親的家境已經極為困苦，她心裡仍然掛心著她的鄰居，甚至還高高興興的把貴重的米分送一半給鄰居。

這是多麼豐厚的一顆心啊！多麼美麗的一顆心啊！即使在如此憂鬱困頓的處境中，人依然可以擁有此種令人動容的慈悲心。

當我聽到這個故事時，我對自己貧乏的一顆心感到羞愧。

我每天不愁吃用，然而只要稍微發生不如己意的事情，內心就萌生不平與不滿。這個故事令我了解到，自己和那位貧苦的印度媽媽比起來，簡直有著天壤之別。

於是，我斷然向自己發誓，在我有生之年，我一定要跟這位母親學習，要跟她一樣擁有大慈悲心。

所謂「慈悲心」，其實就是０和１００。自己是０，別人是１００，而且不求回報，全心全意都是為別人而活。「求回報」則屬於生意理論，也就是「我已經做了什麼，所以你一定要回報什麼」。

佛陀所說的慈悲心則是完全不求回報。世上有許多人受苦，佛陀想解救這些人，因此佛陀才一心一意想要探討出如何解救自己的方法，當佛陀找到方法之後，更想方設法想把這個方法教給更多人。

這就是佛陀的大慈悲，完全不求任何回報，所以才是０比１００。

我們當然無法跟佛陀一樣，也無法像那位印度媽媽一樣。但是我們並不是沒有慈悲心，我們的慈悲心只是隱匿起來而已。

俗話說「惻隱之心」。即使是作惡多端的大壞蛋，看到兩歲娃掉到井裡，他一定也會伸手援救。總之，任何人都有惡魔般的心，其實也都有佛心。

因此，我們必須盡量設法讓沉眠於內心深處的慈悲心彰顯於外。前幾年的東日本大地震，整個日本都可以看到這種氛圍，也就是說，只要有機會，人人都會義不容辭幫助別人，這是因為人人都有慈悲心。

罣礙 42

我無法和別人好好妥協

站在我的立場我是對的，
站在你的立場你是對的。

以前的我很難站在別人的立場看事情，自從開始禪修之後，我就學會把自己縮小再縮小，然而偶爾還是會站在自己的立場看事情。

尤其是親人之間，由於彼此有感情依賴，往往一不小心就會忘記對方的立場。這時候不妨真心誠意跟對方致歉，並且重新站在對方的立場來思考事情。

我們經常聽到一句話：

「站在我的立場我是對的，站在你的立場你是對的！」

只要確實站在對方的立場，大概就可以理解到對方說的也有道理。

名將或著名的賭徒大都擅長看清對手的缺點，針對對手的弱點出手才是致勝關鍵。這種能力當然也可以運用在邪惡之處。但是，如果能夠站在對方的立場來思考的話，一定可以立刻往善的方向運用，這也算是一種「煩惱即菩提」。

再者，倘若你的心情是「我為你做了這麼多，你卻這樣對待我」，這時候，請你務必把重心拉回到「不求回報」的精神。例如：媽媽對自己的孩子基本上就是抱持不求回報的精神。

不可否認的，有一些媽媽的想法是「我為了照顧你犧牲這麼多，你一定要考上東京大學」、「我把你拉拔長大，我老了就完全靠你了」。

然而，多數媽媽並不是這樣的心態。

「媽媽很愛你，一心只想好好教養你長大成人，並不需要你特別感謝我，不過，如果你覺得感謝媽媽的話，我也會很高興。」

這應該是許多媽媽教養孩子的心態。撫養孩子令媽媽體會到充實感與幸福感，有時甚至還對孩子抱持感激之心，這就是媽媽。

凡事都不先考慮自己的利益得失，這種心態才是最難能可貴的。而且人生擁有許多不可思議，唯有抱持不求回報的精神，有時候才有可能得到最大的回報——幸福感。

只要了解到這一點，應該就不會再對別人口出惡言。口出惡言並無法解決任何事情，反而只會汙染自己的心，甚至只會破壞自己的信用。

凡事只要站在對方的立場，馬上就可以看出是非對錯。但是，還是有許多人喜歡在生活上對別人口出惡言。

話說回來，有時候縱使站在對方立場，還是覺得對方的想法實在太奇怪了。

遇到這種情況的時候，我通常就不會再把心思花在這種人的身上，否則我自己反而可能出現負面情緒。

我的人生並不需要這種人，反正不管我說什麼，對方都聽不懂；而且這種人通常愛說謊或破壞約定。

遇到這種人，我看也只能罵罵他，然後就忘掉他吧！

正確的理論

小開悟：站在對方的立場，就知道對方說的也有道理。

罣礙 43

經常有人問我：
「你很無聊嗎？」

缺乏笑容，幸福將會遠離你一輩子

人類所擁有的最美好的事物之一就是「笑容」。

連剛出生的小娃娃，只要有人逗弄也會張嘴笑呵呵；你不妨試著對小朋友露出笑容，小朋友通常會回報以笑容。

笑容與微笑是神送給人們最大的財富，所以，沒有人不會笑。

但是，這個世上卻有很多人整天繃著一張苦瓜臉。例如：很多公司的高級主管最愛扳著一張臉，自以為這樣才算威風八面，笑臉只會減損自己的威嚴。這種人生態度實在是愚蠢至極。

面帶笑容根本不需要花費一毛錢，但是臉上很少出現笑容的人，他的一生將會遭受莫大損失。

俗話說：「笑門開，幸福來」，這種說法似乎並非完全合理，但是，至少從人類出現在地球上的二十萬年以來，人類就懂得帶著笑臉過生活。

而且在代代相傳的經驗傳承中，才歸納出「笑門開，幸福來」的諺語。換句話說，我們的祖先可能在某一天終於察覺到：「那個經常面帶微笑的傢伙似乎比較容易得到幸福！」

即使在商場上，微笑與笑容也具有一百萬美元的價值。經常面帶溫馨微笑的人，通常可以接到金額龐大的生意，這也正印證了「笑門開，幸福來」的道理。

反之，處處計較損益的生意人一點也笑不出來，這種人必會引起客戶的戒心。

例如心裡想著：「我只要一笑，對方就會得寸進尺。」

如此一來，生意大概就很難談成。

倒不如轉個念頭：「反正微笑也不花錢，就面帶微笑跟對方談生意吧！」

這才是做生意的基本禮儀，因為人類是一種喜歡笑臉的生物。

假如你一心一意想著的全是賺錢或虧錢，就很難浮現出自然的笑容，就算勉強面帶微笑，也會被人看成「笑裡藏刀」，對方可能會認為：「這個人雖然臉上帶著笑容，但是似乎隱藏著某種詭計。」

其實笑容本身就擁有化解別人疑慮的力量，前不久日本ＮＨＫ曾經介紹過一個故事。

這是發生在伊拉克戰爭時的故事。當時美軍前往伊拉克反抗組織的陣地商討停戰協議時，伊拉克人民卻誤傳美軍要對反抗組織的首腦不利，於是紛紛包圍過來。

由於雙方語言不通，整個陷入非常詭譎的氣氛，雙方劍拔弩張。此時，美軍將領即刻向士兵發出一道命令：「不管遇到何種狀況，全部人員都要面帶微笑！」

在軍隊中發佈此種命令是極為罕見的例子，但是卻產生了意想不到的效果。看到美軍的笑容，伊拉克民眾才了解到原來美軍並非來攻擊的，所以，伊拉克民眾也回以燦爛的笑容，並把美軍將領帶到他們的首腦面前。

由此可知，笑臉是萬國皆通用的，是超越國家、民族與世代的一種最佳的溝通方式。因此，我們每個人都應該訓練自己，可以時時刻刻心懷慈悲心面露微笑，一如佛教徒佔百分之九十五、人稱「微笑王國」的泰國人一般，只要能夠經常面帶微笑，我們的人生終將改變。最後請容我再說一句話：「人間最美妙的就是笑著往生，這才是人生最崇高的結束方式。」

罣礙 44

我經常擔心
災難何時降臨？

「應該遇到災難的時候遇到災難，是最好的！」

發生大地震的話，人人都陷入恐慌中。不過，大地震之後感到恐慌、或是時時刻刻都在擔心害怕地震可能降臨的恐慌，兩者之間是完全不同的。

沒有人知道何時會發生大地震，很可能在不久的將來，你居住的地方就會發生大地震，但是也很可能不會發生。也就是說沒有人可以預知地震何時發生。

接下來我來說一個很有名的故事。良寬大師在寫給友人的一封信中提到：

「應該遇到災難的時候遇到災難，是最好的，

應該死去的時候死去，是最好的，

這才是逃避災難的最佳妙法。」

良寬大師這句話說得很有道理。

時時刻刻擔心自己可能有災難降臨，每一天就會過得心驚膽顫，心慌意亂想要逃避災難。

不過，心驚膽顫或心慌意亂皆是苦，也是產生苦的因素，災難並未真正降臨，心中卻已預設災難，因此，良寬大師才以此詩來勸告人們不要預約煩惱。

純粹以宇宙的規模來考量的話，就可以了解到整個宇宙或整個地球並非為了你或為了

我而存在的；地震、颱風或者火山爆發都只是「該發生就發生了」，這就是大自然的本質。

大自然的動態一點也不會配合人類或其他各種生物，因此，人類絕對敵不過大自然。大自然所發生的各種動態，人類也只能全盤接受。或許你對這種定律感到悲哀、感到恐懼，然而這就是真理，真理不論到哪裡都一定是真理，而且就和大自然一樣，我們除了接受之外，別無他法。

已經徹悟真理的禪學大師絕對不會對尚未發生的地震產生畏懼，甚至即使地震來襲，大師仍會盤腿靜坐，絲毫不為所動。

或許你對此感到不解，為什麼這些大師會不為所動呢？其中一個理由是，道場是唯一可以隱身的地方（一笑），不過，我認為是禪坐的功德。

當然我並不是在鼓吹每個人面臨地震時應該採取此種態度。大地震或大海嘯來襲時，禪學大師應該也會奔逃，但是，至少他們是在實際發生地震或海嘯時才採取行動，他們絕對不會對尚未發生之事感到惶恐不安。目前活在地球上的所有生物的DNA是「史上最強的DNA」，裡面一定安裝有兩種程式，其一是「察覺恐怖」，另一是「隨時感到心驚膽顫」，這些生物才得以未被淘汰而留存到現在。

然而，忠實依照DNA而活實在太無趣了，這種依照本能而活的人生堪稱是「苦的人生」，因此，我很希望每個人千萬不要愚蠢的對於尚未發生之事感到憂心忡忡。

怎麼辦～～？
發抖
千萬不要預約煩惱
小開悟
心驚膽顫或心慌意亂皆是苦

罣礙 45

我隨時擔心
自己有一天會死

每個人都會死

自從我學禪之後，我開始有一個想法：「就算明天死了也無妨，就算明天死了也不會後悔」。

但是，直到最近，我的心境卻有了轉變。我開始期盼自己能夠長命百歲，因為我認為：

「可能有些事情必須活到九十歲或一百歲才能了解吧！」

因此，假如上天允許的話，就算能夠多活一分或一秒，我都會心存感激。我之所以會有此種心境轉折，主要是因為日本戰國時代武將山內一豐的妻子（千代）的一句話：

「明天會更好！」

戰國時代，人人都是危在旦夕，隨時可能面臨死亡，所以這句話具有相當的重量。每天處心積慮設法保命，臨睡前就對自己說：「明天會更好！」說得更極端一點，就算是每天過著重複的日子其實也不錯。

不論好事或壞事，過一段時間之後，都可以妝點我們的人生，使我們的人生更加豐富。因此，只要時時抱持「明天會更好」的心態，自然而然就會發現「活著比死了更好」的單純真理。

因此，死亡不再是不可說的禁忌，在我們的心中隨時都會想到良寬大師所說的「應該死去的時候去死，是最好的」。

有了這種覺悟之後，自己就會漸漸的希望能夠多活一分或多活一秒，並且也深刻了解到活著比死還要好。

明瞭生死是佛家大事。

意即佛門弟子的學佛修行主要是為了明瞭何謂生？何謂死？

每個人都是「獨生」、「獨死」。

藉由禪修更能了解獨生獨死的道理。我們總有一天終將面對死亡，也就是自己終將面臨死亡一事。

這是無法用言語加以說明的，總之，禪修可以令人明瞭生死，了解到總有一天會死，然而每個人的內心卻非常討厭死亡，其實這兩者並不互相矛盾。

一休和尚的辭世名言是：

「昨日以前都以為死亡是別人的事情，沒想到今天卻發生在我身上，這簡直令人受不了！」

一休和尚一生行事幽默風趣，曾經瀟灑說過：「人世不外乎起床、工作、睡覺和吃飯，然後就是等死」，但是當他終將面對死亡時，居然用「簡直令人受不了」來形容死亡，這也正是這位禪師最率直的感想。

據傳一休和尚臨死之前還曾經大聲吶喊：「我不想死啊！」也正因為他已經明瞭生和死，才能說出如此震撼人心的說詞，確實令人敬佩。

不過，「明瞭死亡」其實一點也不困難。總之，人的死亡率是百分之百，所以每個人的內心都知道自己總有一天會死，而且知道死亡一定會發生在自己身上。

接著就順理成章明瞭「生」。也因為知道死亡總有一天會降臨，因此就把心朝向「生」，並且對「生」充滿能量，才會有「不想死」的境界。

總之，請你一定要徹底了解「死亡」，就可以超脫對人事物的執著，凡事不再過度「神經質」或「心有罣礙」，即可開拓出更充實的人生。

後記

我在四十三歲的時候，被公司解除社長一職，歷經千辛萬苦想要為自己找尋一條出路時，就遇到了禪，並經由禪坐學習佛法，了解自己，不知不覺之間我執漸漸縮小，終於可以「離苦」。

正因為自己曾經受過苦，每當看到和我一樣受苦的人，就很想教他們脫離苦的方法。然而，人只要活在世上，「苦」就不會消失無蹤，一定是或多或少都有苦。其實這反而是好的，因為「苦」的狀況不盡相同，脫離苦的方法或答案也就不同，但是，只要不斷累積離苦的經驗，自然而然就可以感受到自己擁有充實的人生。這也就是我的經驗。

只要活在世上，人就不斷在煩惱的泥淖中打轉，禪學令人佩服之處就是在每天的禪坐之間，腦子裡會產生生理學上的變化，有時在不經意之間突然察覺到自己真正的心意，每當察覺到「煩惱即菩提」的時候，煩惱立刻化解為菩提心。這期間的過程演變實在很難說明，藉由禪修，進而可以掌控自己的情緒之後，內心就會變為快樂，這樣就夠了不是嗎？只要內心越輕鬆自在，對任何事情就不會太在意了。

或許你會問我，這本書所談到的四十五個問題我是否都做得到？老實說，我還是無法完全做到。令我吃驚的是，我自己內心其實還有著各種貪念與我執，而且在禪坐時，一個個貪念與我執就會不斷跳出來，因此我開始寫書和部落格，除了把正確訊息告訴大家之外，同時也再一次告訴我自己什麼才是正確的。

世上並沒有完人，每個人都有煩惱，也常感到不安，如果要談一個人的缺點可能三天三夜也說不完。不過，在這個處處充滿壓力的現代社會中，心無罣礙才能夠讓大家活得更輕安自在。

總之，放輕鬆，凡事一定可以解決的！

最後，我要把這本書獻給一直非常支持我的妻子。

佛光　合十

TITLE

你所介意的事　有九成可以化解

STAFF

出版　三悅文化圖書事業有限公司
作者　佛光
譯者　郭玉梅

總編輯　郭湘齡
責任編輯　黃美玉　黃思婷　莊薇熙
美術編輯　謝彥如　朱哲宏
排版　曾兆珩
製版　明宏彩色照相股份有限公司
印刷　桂林彩色印刷股份有限公司
　　　綋億彩色印刷股份有限公司
法律顧問　經兆國際法律事務所　黃沛聲律師

代理發行　瑞昇文化事業股份有限公司
地址　新北市中和區景平路464巷2弄1-4號
電話　(02)2945-3191
傳真　(02)2945-3190
網址　www.rising-books.com.tw
e-Mail　resing@ms34.hinet.net

劃撥帳號　19598343
戶名　瑞昇文化事業股份有限公司

初版日期　2016年10月
定價　250元

國家圖書館出版品預行編目資料

你所介意的事 有九成可以化解 /
佛光作；郭玉梅譯. -- 初版. -- 新北市：
三悅文化圖書, 2016.08
192　面；14.8 x 21　公分
ISBN 978-986-93262-1-6(平裝)

1.臨濟宗 2.佛教說法 3.佛教修持

226.6645　　105011852